JUNTOS SOMOS
MAIS QUE DOIS

Mari Patxi Ayerra

JUNTOS SOMOS MAIS QUE DOIS

Dicas para um casamento feliz

Dados Internacionais de Catalogação na Publicação (CIP)
(Câmara Brasileira do Livro, SP, Brasil)

Ayerra, Mari Patxi
    Juntos somos mais que dois : dicas para um casamento feliz / Mari Patxi Ayerra ; [tradução Cristina Paixão Lopes]. – 4. ed. – São Paulo : Paulinas, 2011. – (Coleção crescer em família)

    Título original: Juntos somos más que dos : pista a um hijo para vivir en pareja.
    ISBN 978-84-288-1974-2 (ed. original)
    ISBN 978-85-356-2932-3

    1. Amor   2. Casamento - Aspectos psicológicos   3. Comunicação no casamento   4. Relações interpessoais   I. Título.   II. Série.

11-11579   CDD-306.87

Índice para catálogo sistemático:

1. Casais : Relacionamento : Sociologia   306.87
2. Casamento : Relacionamento entre casais : Sociologia   306.87

Título original da obra: Juntos somos más que dos : pistas a un hijo para vivir em pareja
© Mari Patxi Ayerra, © PPC Editorial y Distribuidora, Madrid, 2005.

Direção-geral: *Flávia Reginatto*

Editora responsável: *Luzia M. de Oliveira Sena*
Assistente de edição: *Andréia Schweitzer*
Tradução: *Cristina Paixão Lopes*
Copidesque: *Huendel Junio Viana*
Coordenação de revisão: *Marina Mendonça*
Revisão: *Sandra Sinzato e Ana Cecilia Mari*
Direção de arte: *Irma Cipriani*
Gerente de produção: *Felício Calegaro Neto*
Ilustrações: *José Luis Cortés e Estrella Viguri*
Capa e editoração eletrônica: *Manuel Rebelato Miramontes*

4ª edição – 2011
3ª reimpressão – 2017

Paulinas
Rua Dona Inácia Uchoa, 62
04110-020 – São Paulo – SP (Brasil)
Tel.: (11) 2125-3500
http://www.paulinas.org.br
editora@paulinas.com.br
Telemarketing e SAC: 0800-7010081

© Pia Sociedade Filhas de São Paulo – São Paulo, 2008

APRESENTAÇÃO

Um livro para meu filho

Este livro que você tem em mãos, como verá mais adiante, é o presente de casamento que escrevi para meu segundo filho. Quando o mais velho se casou, aconteceu que meu corpo me pregou um susto e pareceu que ressuscitava antes do esperado; foi assim que, como as mães sempre têm coisas importantes para dizer aos filhos, aproveitei a convalescença de uma operação no seio para escrever, ao casal, um *Folheto de instruções para se começar uma família*.

Fiquei encantada em poder dizer a um filho aquilo que ele nunca escutaria de uma só vez, convencida de que algum dia ele o leria. Mais adiante, editaram-no com o título de *Vida compartida* [vida compartilhada] (Editorial Reinado Social, Espanha) e parece que agradou, pois já vai para a terceira edição espanhola e consta-me que, em algumas paróquias, o utilizam como um cursinho pré-matrimonial. Acho que os moleques de meus filhos não o leram por inteiro, mas o oferecem a seus amigos quando estes vão se casar. Algum dia, suponho que com o passar dos anos, minha cotação na bolsa subirá e eles acabarão lendo-o.

E, embora o ditado diga que "as seqüências nunca são boas", eu continuei tendo um grande desejo de dizer ainda outras coisas aos que se casavam; assim, aproveitei as novas aprendizagens que ganhei ao longo dos anos e escrevi-lhes este livro, a fim de lhes facilitar o caminho enquanto casal. Para mim, ou melhor, para nós, não foi nada fácil superar as crises, dar nome às dificuldades, ajustar as duas vidas e criar uma família viva e comprometida. Pelo menos fui crescendo em inteligência emocional e Deus não nos abandonou em nenhum momento.

Os desenhos de Cortés

Alguns dias antes do feliz casamento de meu segundo filho, fui à entrega do prêmio Alandar, de uma revista cristã de mesmo nome. Nessa ocasião, entregavam-no a José Luis Cortés, o homem que melhor desenha Deus e que mais se parece com o que sinto e creio. Seus livros, *¡Qué bueno que viniste!* [Que bom que vieste!], *Un señor como Dios manda* [Um chefe como Deus quer] e outros, contribuíram para a aproximação de Deus que buscamos ter em nossa família. E ali estava eu, como as "fãs" dos cantores, conhecendo esse homem que retratava Deus em roupão e chinelo e o fazia quase tão próximo de nós quanto o fez Jesus.

Depois de me fascinar com seu lápis e suas palavras, conversamos e fizeram chegar a suas mãos uma cópia do livro que eu levava no bolso para minha amiga Dolores. Dentro de poucos dias, fui convidada para um encontro com ele e me ofereceram a possibilidade de me engrandecer com seus desenhos. Ninguém sabe a satisfação que tenho por ser ele a compartilhar comigo esta delícia que é dedicar um livro aos filhos.

O caso é que Cortés leu cada capítulo do livro duas vezes, escolheu a frase que melhor expressava a música de fundo ou a idéia principal, e assim foi desenhando uma frase para cada capítulo. Ao último, o de Deus, por tê-lo tocado mais fundo, dedicou dois desenhos. E como presente de despedida, quis desenhar também o "Fim".

Talvez, para os leitores, isso seja uma coisa sem importância, mas para mim e para os meus é uma delícia desfrutar da expressividade que Cortés tem em sua pena. Ele aumenta a força do que quero comunicar a meus filhos com os pequenos detalhes que acompanham suas letras e que têm a ver com os protagonistas da obra.

Os desenhos de minha nora

Vocês também encontrarão outros pequeninos personagens salpicados pelo livro. Foram extraídos do convite de casamento do casal a quem este livro foi inicialmente dedicado. Desenhou-os a minha nora, a noiva.

Vocês logo reconhecerão os noivos, porque estão muito bem desenhados. Os outros desenhos retratam todos os familiares e amigos que participaram do casamento deles. Éramos muitos e diante de todos apresentei este livro na celebração do casamento, com o desejo de que meus filhos, e todos os casais que o leiam, vivam uma bonita história de amor, busquem todos os recursos interiores para se saírem bem das dificuldades e que sejam muito, mas muito felizes.

Um livro para vocês lerem juntos... e partilharem

O auge do amor é ler um livro juntos, comentá-lo e colocá-lo em prática. Proponho aqui uma tarefa adicional. Ao final de cada capítulo, escrevam suas próprias conclusões, pactos, poemas ou experiências para que melhorem não só o livro, mas principalmente seu relacionamento.

Ah! Embora em todos os livros se coloque que "nenhuma parte desta obra poderá ser reproduzida...", e isso também apareça aqui, gostaria muito que este livro não tivesse um fim em si mesmo. Compartilhem suas observações, emprestem, indiquem ou dêem de presente. Ele é de vocês e sua missão é servir para amar mais e melhor.

MARI PATXI

JUNTOS
PARA VIVER MELHOR

Vocês decidiram se casar não para converter em rotina seus projetos pessoais, mas para impulsionarem-se mutuamente

Ao iniciar sua vida a dois, vem-me a responsabilidade maternal de revisar seu "enxoval", sua roupa íntima, seus pijamas e suas meias. Tenho a sensação de que você deveria excluir tudo aquilo que já está muito usado, para começar a vida em comum com quase toda a roupa nova ou seminova... No dia em que saiu de casa para cuidar de sua independência, certamente muito jovem, você levou tudo, sem verificar o estado mais ou menos novo em que estavam seus pertences.

Ao casar-se, no entanto, não sei por quê, parece-me não ser correto alguém levar as meias gastas, o pijama muito amarfanhado ou os objetos de higiene em desordem... Isso me faz pensar no quanto eu gostaria que em sua estréia na vida a dois, em seu matrimônio, levasse novas ou renovadas outras coisas mais importantes.

Deixem-me dar uma de mãe

Sim, deixem-me "dar uma de mãe", porém não vou ocupar-me das coisas domésticas, mas dessas outras das quais apenas se fala nesses casos, e que são as habilidades para se querer bem, as receitas para manter o amor vivo, o sonho e a chama da vida juntos até o fim.

Vou escrever para vocês aquilo que eu gostaria que nos tivessem dito, que nos tivessem advertido, para que nossas lutas e nossas crises tivessem sido menores e para que tivessem aumentado nossos momentos de proximidade.

Vou escrever convencida de que estas letras não têm nenhum valor para vocês neste momento, mas que algum dia, quem sabe,

talvez quando eu já estiver à mesa do Pai, subirá sua cotação na bolsa e talvez sirvam para uma assentada do casal, para refletir um pouco e rir outro tanto do que sua mãe se atreveu mais a escrever do que a pôr em prática durante sua vida. Pois bem, aí vão umas tantas páginas de incoerências, desejos, sonhos e receitinhas compartilhadas.

Ocorre-me, por exemplo, que eu gostaria que vocês levassem em sua vida em comum o desejo de não se terem como conquistados ou seduzidos, mas de irem se conquistando a cada dia, escolhendo-se em cada situação para compartilhar a vida juntos. Que esse passo não suponha o relaxamento do amor alcançado, mas o começo solene do amor iniciado; esse amor que levaram tantos anos ponderando para saber se seria ou não de qualidade suprema, a ponto de compartilhar o resto de sua história pessoal.

Juntos vocês são muito mais que dois

Vocês estão começando um projeto em comum. Decidiram se casar porque estão convencidos de que querem viver juntos para viver melhor, não para converter em rotina seus projetos pessoais e o projeto em comum, mas para se impulsionarem mutuamente, para um ajudar o outro a ser mais único e mais na soma dos dois.

Porque um mais o outro já não são duas pessoas, são um casal, entidade de que falaremos com mais vagar.

Se Deus fizer parte da relação de vocês, já serão muitíssimo mais. Também faz parte essa quantidade de gente que vive a vida ao

nosso lado, aqueles que amamos: os amigos, os colegas, os muitos seres humanos que passarão por seu lar e em cujas vidas vocês deixarão uma marca. E se, além disso, tiverem filhos e formarem uma família maior, aí sim, vocês serão muitos...

Por isso, passo a contar-lhes por que acredito que Estela mais Joaquim, juntos na vida e em liberdade, lado a lado... são muito mais que dois.

AMAR A SI MESMO
PARA AMAR O OUTRO

É impossível amar os outros quando não se sabe amar a si mesmo

Dizem que o princípio do crescimento e da felicidade pessoal se baseia em uma profunda compreensão de si mesmo. Às vezes não nos conhecemos o suficiente, não sabemos o que sentimos e não aprendemos a lidar com nossas emoções.

É impossível amar os outros quando não se sabe amar a si mesmo. Agora, quando você se conhece, quando se aceita e se ama com seus prós e contras, com suas maravilhas e defeitos, com seus erros e acertos, já é outra coisa. Só o fato de você se conhecer, já lhe dá saúde mental, já reduz a lista de espera no centro de saúde.

Reconhecer as próprias qualidades

Muitas pessoas, em seu afã pela perfeição, vivem em guerra permanente contra si mesmas. Dão voltas e mais voltas sobre seus erros, surpreendem-se com o aspecto positivo dos outros e lamentam suas parcelas negativas. Estão em contínua auto-exigência, sem se dar conta de que a perfeição é uma neurose, é uma obsessão de fazer tudo da melhor maneira, o que as mantém em contínua irritação contra as próprias falhas, contra as pequenas incoerências e contradições que balizam o viver cotidiano. É impossível amar os outros quando não se sabe amar a si mesmo.

Quem não é capaz de reconhecer seus próprios valores e qualidades jamais aceitará que os outros também os tenham. Quando perdemos a capacidade de nos apreciar e de desfrutar de quem somos, produz-se um vazio que enche tudo de idéias tristes e dolorosas. As

pessoas que se consideram pouca coisa e que se enamoram de alguém porque este possui uma série de qualidades estão a caminho de muitas dificuldades em sua vida a dois. O que lhes acontece é que não reconhecem suas próprias qualidades e tendem a endeusar o outro, a colocá-lo em um altar, a deslumbrar-se com tudo o que acreditam que ele possua e que a elas falta. Depois, na primeira falha cometida pelo outro – o adorado, o perfeito –, desiludem-se e sentem-se fracassadas, não apenas pessoalmente, pelo pouco valor que atribuem a si mesmas, mas também matrimonialmente, pois acabam descobrindo que o outro também é humano.

Partilhar o verso e o reverso

Para viver uma vida de casal, seria positivo parar e fazer um balanço das qualidades e defeitos, ou, para que soe melhor, dos prós e contras que cada um traz à soma comum. Assim, evitam-se ilusões excessivas, desencantos traumáticos ou "quedas", que são oriundos do fato de se ter colocado o outro ou a relação excessivamente no alto. Justamente por isso, a queda dói mais.

Partilhar o verso e o reverso, o melhor e o pior de cada um, ajuda a construir o terreno comum, esse espaço único que forma a soma das duas personalidades. Porque, na medida em que um conta ao outro quem é e o que sente, fazendo este o mesmo, compartilharão seu próprio e respectivo mistério, formando assim um entrelaçar de fios que vão e vêm e que formam a trama da relação: o encontro, a comunicação, o amor.

A soma do verdadeiro e profundo amor que cada um sente por si mesmo, da autêntica aceitação e auto-estima, vai ajudá-los a celebrar o bem que é ser únicos e a felicidade que sentem por serem eles próprios, distintos mas não distantes, diferentes mas complementares. Às vezes, a falta de aceitação própria ou do outro leva a guerras eternas, na tentativa de mudar esse outro, que é tão diferente, embora tenha sido precisamente este o motivo pelo qual foi escolhido para compartilhar o resto da vida.

Volto a repetir que é preciso amar a si próprio para amar o outro e que, às vezes, quem traz mais dificuldades ao casal é o egoísta, porque está sempre preocupado consigo mesmo, insatisfeito, inquieto, torturado pelo medo de não ter o bastante ou de perder algo. Ao egoísta, embora pareça ser o que mais ama a si próprio, acontece exatamente o contrário: tem uma profunda aversão a si mesmo e não sabe amar nem a si próprio nem, muito menos, os outros.

Quando alguém não se ama, corre o risco de manipular o outro ao se fazer de vítima, impondo suas opiniões ou tentando dominar de diferentes formas. Manipular significa dominar, seja com a sutil arma da palavra ou com a comunicação não-verbal.

Quando se manipula, o outro é reduzido de nível: é tratado como objeto, é rebaixado, aviltado.

Criados para a felicidade

Em vez disso, o amor engrandece o outro, dignifica-o, enaltece-o. Pode-se manipular representando sempre o frágil,

o doente, o poderoso, o salvador, o conquistador...; e o outro, automaticamente, põe-se no papel contrário. Essa é a agonia de muitos casamentos, porque não há relações de igualdade, mas de utilização. Em uma relação entre iguais, ambos expõem ao máximo suas capacidades e os dois tentam crescer em todas as suas facetas, sem se aproveitar um do outro, sem se deixar ficar em um eterno infantilismo.

Nascemos para ser felizes, para nos realizarmos, para vivermos em paz com nós mesmos e cheios de profunda alegria. Todos nós passamos por momentos de sofrimento, dificuldade, angústia, insegurança, medo, mas todos possuímos um grande potencial dentro de nós mesmos para viver melhor, para alcançar a plenitude.

Dizem os especialistas que a maioria dos seres humanos desenvolve apenas 10% de suas capacidades e que somente Einstein e um ou outro gênio chegaram a ativar uns 16% de suas potencialidades. Outros admiram apenas uns 10% das maravilhas da natureza, escutam uns 10% da música da vida, apaixonam-se uns 10% do que poderiam se apaixonar pelo(a) companheiro(a)... E fazemos exatamente isso com nossa ternura, nossa capacidade de amar, de contemplar, de rir, de desfrutar...

Isso não pode acontecer! Por isso escrevo este livro, para que não deixemos que a vida nos escape, para que vocês não deixem passar os momentos sem usufruir deles, sem os exprimir, sem os saborear, sem se deixarem envolver no todo.

O triste do ser humano é que bem poucos conseguem aproximar-se da sua plena realização. Agito-me ao pensar que saboreamos apenas uns 10% dos aprimoramentos naturais possíveis, estamos abertos a apenas 10% de nossas próprias emoções, da ternura, da contemplação ou da paixão. Poderíamos ser 9 vezes mais criativos do que somos, se nos permitíssemos. Chegaríamos a amar, com o bem que nos permite, até 9 vezes mais... Não podemos permitir que a vida nos escape! Não podemos morrer sem ter amado realmente, sem ter usufruído plenamente, sem termos nos maravilhado com tanta beleza e carinho que nos envolve...

Hoje, quero recordar vocês e a mim mesma que somos convidados a sair da mediocridade, a não nos contentarmos com o "ir levando", como todo o mundo, a não nos conformarmos com a vida corrente. Temos que aspirar a uma vida apaixonante, a uma história entusiasmante, a uma vida nova a cada dia, criando-nos e recriando-nos neste caminho comum que estamos percorrendo.

Que faço com minha vida?

Não pergunte a ninguém o que deve fazer com a sua vida, pergunte a si mesmo. Não perca sua liberdade seguindo os outros. "Faça o que quiser." Que ninguém possa roubar-lhe a liberdade criadora de escolher seu caminho. Mas não faça a primeira coisa que tiver vontade; reserve tempo para pensar, para escolher, para decidir. Milhares de coisas vão lhe apetecer, mas terá que fazer sua lista de prioridades, para depois

viver de acordo com elas. Você quer levar uma vida boa? Ótimo! Mas, certamente, também vai querer que essa vida boa não seja a de uma couve-flor ou a de um besouro, mas uma boa vida humana.

Ser humano consiste, principalmente, em ter relações com outros seres humanos. As coisas podem ser belas e úteis, mas não o humanizam. Às vezes, até o que temos em excesso nos separa dos outros, porque as coisas que possuímos também nos possuem. É o intercâmbio com as pessoas que nos faz humanos; dar uma vida boa a outros também nos faz viver uma vida boa. Essa é uma característica do fato de ser humano.

É preciso ter confiança em si mesmo: na inteligência – que nos permite ser melhores do que já somos – e no instinto de nosso amor, que nos abrirão para merecer a boa companhia da pessoa que temos ao lado e que escolhemos para compartilhar o resto de nossos dias.

Viver juntos para viver melhor

Deus nos fez para ser a maior árvore de uma floresta majestosa, mas nós nos conformamos em ser pequenos arbustos e, além disso, aceitamos as podas com naturalidade para não sobressairmos em nada, para nos adaptarmos ao que se espera de nós. Não podemos deixar morrer a seiva que temos dentro de todos os ramos, em todos os lugares, em todas as situações. Juntos, temos de fazê-la circular, germinar, brotar em uma explosão de eterna primavera.

Vocês vão viver juntos para viver melhor. Seu objetivo pessoal na vida é que cada um se realize e chegue a ser essa pessoa que vocês são chamados a ser em total plenitude, em seu desenvolvimento integral. Sua missão, enquanto casal, também deve ser a de que o outro se preencha, se realize. Ou seja, cada um tem a obrigação pessoal de chegar ao máximo de suas possibilidades.

O casamento também compromete o casal a fazer com que o outro chegue ao seu máximo, desenvolva-se por inteiro. Um não pode crescer e deixar que o outro continue sendo pequeno. Um é responsável pelo crescimento do outro. Alguém se apaixona por uma pessoa e assume o encargo de sua própria vida e também da vida do outro, para que juntos cada um seja melhor. Ou seja, ela faz com que ele se realize, e ele, por sua vez, no amor, faz com que ela se torne mais humana do que se vivesse sozinha.

Um deveria dizer ao outro: "Quando o amo, amo-o independente de mim e não apaixonado por mim, mas apaixonado pela vida". Não se pode caminhar quando se leva alguém agarrado. Cada um de vocês tem dentro de si todos os elementos para ser feliz e para amar sem amarras nem cobiças. O outro não lhe dá mais respostas do que as que você já dispõe, pois você é toda a felicidade que for capaz de desenvolver.

Viver casado ajuda o crescimento pessoal, a sermos melhores, a nos conhecer mais. *A relação é uma soma*, e nela vale a satisfação, o riso, a presteza, o prazer, a pena, o sofrimento, a dor... porque tudo

isso é valioso quando o vivemos juntos, pois assim crescemos, somos mais conscientes e nos sentimos mais plenos.

Apostem em criar uma família "dez". Recordem que o maior perigo não são as esperanças ambiciosas, mas as modestas demais; e tenham em mente que a maioria das pessoas se conforma, durante a vida conjugal, com a mediocridade.

O QUE TODOS NÓS NECESSITAMOS

Todo ser humano tem que preencher uma série de necessidades para poder viver. Em primeiro lugar, as *físicas*, como *alimento*, *abrigo*, *vestimenta* e *repouso*. Quando se é criança, são os pais que atendem essas necessidades; mas à medida que esse alguém vai tornando-se adulto, começa a tomar para si essa responsabilidade, tendo que ganhar o dinheiro necessário para isso.

Necessidade de amar e ser amado

Depois vêm as necessidades *mentais*, que são tão ou mais importantes do que as físicas. Em primeiro lugar, precisamos *amar* e *ser amados*. Todas as pessoas, até as mais agressivas, necessitam amar e ser amadas, necessitam que se lhes manifeste amor, que se lhes entregue a porção de carícias e ternura que alimenta a segurança do ser humano. Todos nós temos necessidade de que nos amem e de receber calor humano.

Segundo psicólogos, psiquiatras e sociólogos, uma das causas nucleares da violência é a carência de amor. Quando alguém nos ama, o que faz é dedicar a nós uma parte de sua vida, de seu tempo e de sua atenção, e isso nos faz sentir muito bem. Agora, cabe a vocês dois dedicar tempo e esforço para aprender a amar um ao outro e a mostrar como necessitam ser amados.

Necessidade de nos sentirmos válidos

Também necessitamos *ser válidos*, ou seja, que nosso trabalho seja reconhecido, que nosso esforço seja valorizado, que nossa tarefa

receba agradecimento. O salário que alguém recebe por seu trabalho o faz sentir-se reconhecido; o êxito ao expor uma obra feita faz com que o executor sinta-se válido; o agradecimento pela tarefa realizada, por qualquer esforço ou detalhe também nos faz sentir reconhecidos e valiosos. Tudo isso eleva nossa auto-estima e nossa autovalorização.

Quando alguém tem que interromper o trabalho que vinha fazendo durante toda a sua vida em virtude de uma aposentadoria precoce, de uma doença ou mesmo do desmantelamento do núcleo familiar, pode sofrer uma grave crise por não encontrar seu lugar no mundo, por não se sentir útil. É importante, então, encontrar outras tarefas em que se ocupar, pois durante toda a nossa vida temos que fazer algo que dê sentido à nossa história, que nos torne necessários aos outros.

Na vida do casal costuma ocorrer que, como as tarefas domésticas são pouco reconhecidas, a pessoa que as realiza não se sente válida, gerando daí uma tensão. É preciso estar muito atento para agradecer ao outro por seu esforço e repartir justamente as tarefas, sem que nenhum sirva em excesso ao outro, sem que ninguém se permita exigir em demasia e ao voltar cansado ao lar pense que está em um restaurante, ou na casa de seus pais, onde é possível que tudo lhe seja dado pronto.

Necessidade de sermos autônomos

Outra necessidade importante de qualquer pessoa é a de *ser autônoma*. Todos nós precisamos nos tornar responsáveis por nossa

própria vida. Compartilhá-la com outros, mas sem sermos dependentes. É preciso cuidar dos espaços pessoais, do tempo de cada um, da livre decisão de alguns temas e do pacto das decisões comuns. É necessário dedicar especial cuidado para não invadir nem manipular o outro, para respeitar sua autonomia pessoal. Mas é difícil encontrar esse equilíbrio entre duas pessoas, entre a vida em comum e a vida de cada um. Essa é uma das grandes dificuldades ao se criar uma família.

Também é necessária a intimidade pessoal, ter espaços próprios; o outro não deve entrar em todos os nossos recantos, nem em todos os momentos ou relações. É preciso ter tato neste difícil equilíbrio entre ser os dois e também ser cada um esse ser único e inigualável, que vive, se relaciona, cria e atua de maneira diferente e autônoma, ao mesmo tempo que vive a intensa vida de casal.

Muitas relações morrem por falta de intimidade ou autonomia pessoal. Absorvem-se um ao outro e separam-se do mundo; cada um perde suas relações pessoais, seus lazeres e seus hábitos, mas não em busca de algo melhor, acabando, assim, doloridos por dentro, pelo que perderam ou lhes foi roubado pela pessoa que mais amam.

Igualmente, é perigoso viver uma vida com tanta autonomia, que não oferece qualquer espaço para criar uma vida em comum, não podendo assim nenhum dos dois "construir família", porque continuam sendo duas pessoas independentes que não se comunicam, não se divertem, não se encontram, já que cada uma delas não está disposta a renunciar à sua própria vida, tão interessante.

Necessidade de pertença

E, por último, há a *necessidade de pertença* que todos sentimos. Desde crianças, sentimos segurança em ter uma família que nos ama, que nos espera, que está incondicionalmente à nossa disposição: são os nossos entes queridos que nos dão a sensação de pertença. Precisamos de um âmbito de calor humano no qual nos sintamos acolhidos, tratados e valorizados com afeto, com simpatia e com misericórdia, e no qual sejamos perdoados. Que você volte para casa e lhe perguntem por suas coisas, que se interessem por sua saúde, que recordem suas datas importantes, que lhe façam sentir-se bem, porque o conhecem por inteiro e porque se esforçam em lhe mostrar que você "é um deles"... isso nos traz satisfação e alegra-nos a alma.

Quando alguém se apaixona, o coração passa a palpitar, pois sente que pertence a alguém e encanta-lhe saber que, de alguma maneira, o outro também lhe pertence.

Responsáveis por nós mesmos

Para desfrutar de boa saúde e crescer como ser humano é preciso que essas necessidades sejam atendidas. Quando alguém está triste ou mal-humorado, quando se levanta sem esperança, quando se queixa de tudo ou quando está ressentido, isso quer dizer que suas necessidades não estão sendo atendidas de todo. Esse estado de ânimo negativo é como um semáforo vermelho que avisa que é preciso agir, que é preciso identificar qual das necessidades pessoais não está sendo satisfeita.

Os responsáveis pelas necessidades das crianças são os adultos. As pessoas adultas são as únicas responsáveis por atender suas próprias necessidades, porque cada um tem um diferente apetite ou necessidade de descanso, de roupa ou de ambiente familiar. Não podemos jogar para cima do outro a culpa do que nos acontece, pois somos os únicos responsáveis por atender nosso próprio corpo, e será muito mais necessário atender as necessidades mentais. Cada um tem uma intensidade amorosa e deve pedir aquilo que necessita ou amar como desejar, sem se privar nem reprimir sua capacidade de amor.

Valorizados pelo que somos

Também no casamento, um pode se sentir válido fazendo uma tarefa que não seja reconhecida, enquanto o outro já necessita de maior reconhecimento. O que é preciso fazer é observar, de modo que cada um vá conhecendo suas próprias necessidades e as do outro. A vida conjugal deve ser assim: cada um vai se tornando especialista em si próprio e cada vez mais especialista no companheiro de vida.

Todos nós temos a necessidade de ser amado, de ser aceito, de ser valorizado, não pelo que temos e fazemos, mas pelo que somos. Quando as necessidades existenciais não são satisfeitas, a pessoa se converte em uma espécie de órfã, sem lar, individualista, desvalida, desarraigada e facilmente manipulável.

Como diz Powell, "quando as pessoas estão plenamente vivas, quando dizem sim a toda a experiência humana e ao amor, é sinal

de que suas necessidades estão satisfeitas. Mas quando acontece o contrário, quando o incômodo, a frustração e as emoções negativas predominam na vida de uma pessoa, é indício de que suas necessidades humanas não estão sendo satisfeitas. Pode ser por alguma falha delas mesmas ou das pessoas com quem estão mais estreitamente vinculadas; mas o que está claro é que não estão recebendo o que precisam. Seja como for, algo falhou nessas vidas e a inanição e a desintegração aninharam-se nelas".

O CAMINHO DA INDEPENDÊNCIA

Cada um traz para a história comum a forma de viver de sua família anterior

Quando alguém nasce, é absolutamente dependente e não pode ocupar-se de nenhuma de suas necessidades; mas vai passando o tempo e aprende a comer sozinho, a vestir-se, a descansar… O tempo de dependência da pessoa é o período em que os pais têm a responsabilidade pelos filhos. É tempo de muito trabalho e preocupação, assim como de desfrute, de sentir que pais e filhos são quase um.

Tempo da contradependência

Por volta dos dez ou onze anos, chega a idade da contradependência. A criança vai contra tudo aquilo que os outros lhe impõem, sugerem ou fazem. É uma época de crise, incômodo, incoerência interior, caos total e revolução. O corpo da criança muda, ela vai se tornando adulta, processo nunca agradável ao interessado, que sempre acha que tem carência aqui ou excesso ali. O espelho converte-se no inimigo número um, já que mostra o adulto com muito peito, um pênis pequeno, muito pêlo, pouco músculo…

Ninguém está contente com seu corpo, e menos ainda com sua psicologia. Torna-se agressivo, contestador, inoportuno, inadequado… Nota isso e remói-se por dentro, mas não sabe que diabo precisa fazer para agir bem. Sente que está como que em um palco, onde é o centro de todos os olhares. E assim é como ele se comporta consigo mesmo: olhando-se, analisando-se e exigindo-se continuamente para corresponder aos requisitos, para ser o melhor…

Este é um momento muito importante na vida do filho: é o momento em que ele se torna uma pessoa autônoma. Já não lhe valem os

modelos paternos nem os dos adultos que antes lhe serviam, passando agora a procurar novos modelos de identidade. Rejeita qualquer um que lhe sugira algo, desde que não seja da sua "galera". Dela, aceita tudo e é onde se converte em um ser absolutamente dependente, talvez ainda mais do que de seus pais quando era um bebê. Veste-se como os amigos, utiliza a mesma carteira, ouve a mesma música, segue os mesmos ídolos e coloca os efeitos especiais (*piercings*, pulseiras, tatuagens, chinelos de praia, adesivos, celular...) no mesmo lugar e de maneira idêntica.

Essa época da adolescência é tão difícil quanto importante. É o tempo em que os adolescentes trabalham sua autonomia e se constroem enquanto seres humanos. Incomoda-os que as suas necessidades básicas sejam satisfeitas em casa, e por isso demonstram que não precisam que suas necessidades psicológicas sejam atendidas, embora depois chorem como loucos ou peçam aos gritos para serem amados, aceitos e sentirem-se valiosos. Sua autonomia e sua intimidade são seu tesouro mais precioso, e é preciso saber respeitá-lo para manter com eles uma relação medianamente afetuosa.

Talvez estejam se perguntando por que me estendo tanto na época da contradependência, quando vocês, que já são independentes, na fase posterior, já a superaram. Mas nem sempre é assim. A adolescência costuma durar muito mais do que pensamos; mesmo alguns adultos, quase idosos, ainda têm focos de contradependência e ficam agitados quando alguém lhes sugere algo, porque se sentem manipulados.

As cortinas de tecido cru

Com os pais pressionando, fica sempre essa sensação de contra-dependência. Afetivamente, há laços muito fortes entre pais e filhos. Uns e outros dizem que desejamos fomentar a independência mútua, mas, sem nos darmos conta, tecemos redes muito sutis que acabam criando dependência e com as quais chantageamos uns aos outros, fazendo manipulações para conseguir benefícios.

Por exemplo, vocês decidem colocar em casa cortinas de tecido cru, que agradam aos dois; mas chega a família dela e diz que teria ficado muitíssimo melhor se fossem de veludo, porque combinam mais com o sofá; além disso, eles tinham comprado umas para lhes oferecerem de surpresa. Então ela, que está encantadíssima com suas cortinas, sente-se um pouco infiel à sua mãe, que teve o cuidado de comprar as de veludo, e nota que sente até certa agressividade para com ele, pois foi ele quem insistiu em escolher as cortinas de tecido cru. Ela tem vontade de tirá-las ou de colocar as de veludo pelo menos no quarto de dormir; mudança que ele, sentindo-se manipulado pela sogra e por sua mulher, não aceita.

Porque, quando os pais aparecem em cena, parece que um e outro mudam de gostos ou, pelo menos, ficam mal com os comentários de desaprovação que fazem. É que, no fundo, como acontecia na adolescência, sente-se tanto desejo de agradar aos pais quanto de contrariá-los. Isso já deveria ter sido superado, mas, não se sabe por quê, desperta em alguns momentos; sentimo-nos infantilizados, mani-

pulados ou tratados como criança. Enquanto isso, os pais, que podiam viver alheios a tudo isso, sentem-se muito incomodados, porque nunca sabem se perturbam, se devem ou não opinar.

Como esse fato insignificante do modelo de cortinas do lar, podem repetir-se outros milhares de exemplos na vida do casal, já que a família tem a ver com os primeiros aprendizados de cada um e a família anterior parece estar sempre presente no meio de campo comum. A realidade é que foi no lar que cada um aprendeu o que é uma casa, um enfeite, uma comida, ou a ternura, a doença, as visitas, Deus, a ordem, as mil pequenas coisas e hábitos que formam o cotidiano... foi no lar de cada um, no meio de sua família anterior, de seu amor ou desamor.

Tempo de interdependência

Cada um traz à história comum todos aqueles aprendizados vitais que, em muitos casos, podem até ser defendidos como verdades absolutas e que nada mais são do que a forma de viver escolhida pela família anterior. Ao juntarem-se as duas vidas, tem que ser inventada uma nova maneira de estar no mundo, de fazer lar, de criar família à base de pactos, recordando que entendemos como natural aquilo que vimos ser feito em nossa casa desde o momento em que nascemos, a não ser que nos fosse desagradável; nesse caso, sentindo rejeição, passaríamos então a preferir sempre o que o outro nos propõe.

Essa é a história da independência humana, do processo de tornar-se pessoa, de ser adulto. Depois da contradependência, passa-se

à época da independência, que é quando se precisa viver sozinho e satisfazer as próprias necessidades básicas; ou seja, precisa ocupar-se dos aspectos físico, doméstico e afetivo. Assim poder-se-á chegar a viver a interdependência, que é a época adulta da vida, em que todos sabemos que precisamos uns dos outros para viver.

Respeitamos a própria liberdade e independência sem que a opinião dos demais nos faça sair da nossa posição. Podemos pensar de forma diferente em tudo, sem por isso ficar distante dos outros. Temos gostos distintos e exatamente isso constitui a maravilha da diversidade. Podemos nos tornar amigos de pessoas com gostos totalmente opostos e também encontrar coincidências que nos unem, sem que por isso haja qualquer tipo de tensão entre nós.

É saudável pensar que o outro detém 51% das ações da nossa empresa. É difícil aprender isso, mas assim evitamos pensar que temos sempre razão ou que nossos direitos têm de prevalecer acima de tudo. E se o outro pensar que é você quem possui 51% das ações de seu negócio, será mais fácil chegarem a acordos sem teimosias.

NASCIDOS PARA A FELICIDADE

Desfrutar é mais uma atitude mental do que um conjunto de circunstâncias

Aparentemente, alguém escolhe o outro porque se sente mais feliz quando está com ele. Decide-se viver em par para viver melhor, não para se enfastiar com a vida, muito menos para arrumar sacrifícios ou dificuldades.

Para ser feliz, no entanto, é preciso ter empenho. Há pessoas que não se permitem estar contentes, que lhes é até assustador gozar de uma felicidade muito continuada, pois temem que lhes aconteça algo de um momento para o outro. Eu quero partir da idéia de que Deus nos fez para sermos felizes e de que o momento presente é o único que nos pertence, para que o desfrutemos e também para fazer com que os outros o desfrutem.

"Todos nós teremos de prestar contas dos prazeres legítimos que deixamos de desfrutar", diz o Talmude, sabedoria rabínica dos tempos de Jesus. Desfrutar é mais uma atitude mental do que um conjunto de circunstâncias. O usufruto é, na realidade, mais uma escolha do que uma casualidade. Todos nós sabemos que algumas pessoas desfrutam muito mais a vida do que outras. E as que desfrutam mais a vida não são necessariamente mais dotadas nem mais afortunadas, mas simplesmente se programam internamente para desfrutar a vida, enquanto outras parecem empenhadas na luta perpétua de abrir caminho nela.

Nossa programação mental

Despertamos cada manhã com essa programação mental: desfrutar a vida ou lutar com ela. Essa programação foi instalada em nós

nos primeiros anos de nossa vida: é o resultado das sugestões daqueles que nos rodeavam e dos comportamentos aprendidos.

Nascemos para ser felizes, não para ser perfeitos, nem eficazes, nem para corresponder ao que os outros esperam de nós. É necessário analisar as causas que nos impedem de desfrutar a vida. Cada um deve explorar seus espaços internos e entrar em contato com as razões que podem diminuir sua capacidade de desfrutá-la. Para alguns, pode tratar-se de uma mensagem direta da infância: "A vida não é feita para ser desfrutada". As mensagens que recebemos durante nossa infância tendem a continuar soando, pela vida afora, dentro de nós, a menos que as identifiquemos e as tragamos à luz. "A vida é uma luta", "Não se deve estar desocupado", "O mundo é cruel", "Hoje pode ser um grande dia" poderiam ser algumas dessas mensagens.

Às vezes, castigamo-nos recordando todos e cada um de nossos erros. Fazemos um meticuloso inventário de nossas falhas e, ainda que os outros as perdoem, não conseguimos jamais nos perdoar. É como se tivéssemos nos julgado e gravado nossos fracassos em cada músculo e célula de nosso ser. O complexo de culpa é, sem dúvida, uma das causas que mais nos impedem de desfrutar a vida e contra o qual a maior parte dos seres humanos tem que lutar.

Rever nossas premissas

As vítimas do perfeccionismo vivem uma "trajetória suicida" que as priva da plenitude da vida. Como não são perfeitas, sentem

que são um contínuo fracasso. E quando o fracasso se converte na cor de nossos dias e noites, o desânimo, a depressão e o ressentimento apoderam-se de nós.

Todos nós temos algum complexo de inferioridade. Todos nós temos áreas de insegurança. A inferioridade é o oposto da superioridade e, ao mesmo tempo, sempre implica comparação. Confrontamo-nos com outros e eles nos parecem mais inteligentes, mais bonitos, mais capazes ou mais virtuosos do que nós. A comparação é sempre o começo do sentimento de inferioridade. É quase impossível desfrutar algo quando não desfrutamos de nós mesmos.

Estabelecer o "tudo ou nada" também pode minar o prazer. Uma parte de nós é boa e bonita, mas há outra que não se transformou. Uma parte de nós é luminosa e outra é obscura; uma parte cresce e outra duvida; uma parte é amor e outra é egoísta. O estabelecer do "tudo ou nada" não conhece a palavra "processo". Tudo tem que ir completamente bem e em tudo tem que se obter vantagens, do contrário, tudo se converte na noite obscura da alma.

Finalmente, deveríamos rever nossas premissas. Alguns de nós construíram suas vidas sobre pressupostos irracionais. Por exemplo:

- "Quando estou sozinho não posso desfrutar" (o que produz um enorme medo da solidão e faz com que se esteja sempre procurando os outros).

- "Sou assim e não posso mudar" (imobiliza e estanca).

- "Tenho que fazer tudo bem" (jamais consegue perdoar a si próprio por um erro).

- "Não se pode viver sem saúde" (fugirá sempre da doença, irá negá-la, ou se sentir infeliz com a menor dor de cabeça, própria ou alheia).

- "A felicidade tem que ser completa" (as coisas mais insignificantes estragarão seu bem-estar e serão contabilizadas como negativas).

- "Tenho que conseguir tudo" (pode produzir estresse, ansiedade e sofrimento por tudo aquilo que não se possa experimentar ou conseguir. Isso acontecerá uma infinidade de vezes ao longo de toda a vida, pois quando alguém escolhe algo está sempre renunciando ao seu oposto).

Se estamos passando um dia agradável e permitimos que um pequeno incidente ponha tudo a perder, deveríamos nos perguntar por que o fizemos. Se desfrutamos de um grande filme e voltamos para casa descontentes porque o estacionamento foi caro; se usufruímos de um filme fantástico mas estamos desgostosos porque alguém não apareceu... deveríamos fazer uma reflexão sobre o que nos impede de desfrutar e nos faz colocar contratempos que diminuem o nosso prazer.

Se em um grupo agradamos a todos os componentes menos a uma pessoa e nos sentimos mal por culpa unicamente dela, devemos

investigar e dar nome àquilo que nos nega o prazer. Todos nós sabemos que poderíamos ser felizes, no entanto, sempre há um grande "sim" ou um grande "porém". Já é hora de eliminarmos os "porém" de nossa vida. Para isso, seria conveniente analisar detidamente aqueles que colocamos de maneira habitual, com o fim de desfrutar cada vez mais da viagem da vida.

Superar a adversidade

Quando a vida é difícil, podemos ser mais felizes e nos sentir melhor com nós mesmos assumindo a dificuldade, porque o importante não é o que nos acontece, mas o que consideramos conseqüência do que está acontecendo.

A chave para superar uma adversidade na vida é a aceitação sábia e humilde do problema. Inicialmente, você o nega e acha que não será capaz de suportá-lo. Mas, depois, vai reconhecê-lo e o aceitará se quiser ser honesto consigo mesmo e com a vida. Para chegar à aceitação, é necessário dedicar tempo à reflexão, a escutar a voz interior, a dar nome aos problemas e, assim, fazer brotar a fortaleza interior que todos nós possuímos. É preciso procurar o núcleo de nossa insatisfação, sem fugir, sem lamentar, mas reconhecendo o que necessitamos.

Tanto na vida pessoal como na do casal e da família, é preciso cuidado para não desperdiçar energia com rancor, com comentários negativos, queixas e autocompaixões. Minha vida pertence a mim e eu escolho, neste momento, vivê-la com uma atitude positiva ou negativa.

É difícil viver sem dinheiro ou sem saúde, mas é muito mais difícil viver sem expectativa. Quando alguém diz que o casamento é o túmulo do amor, essa afirmação tem a ver com deixar morrer a expectativa e com deixar-se invadir pelos comentários negativos, pelas queixas, pelas reprimendas e, sobretudo, pela rotina.

Convém recordar que escolhemos fazer uma viagem juntos, como peregrinos da vida. O importante não é apenas chegar, mas saber desfrutar do trajeto. Não é preciso morrer de amor um pelo outro, mas viver, para que os dois desfrutem.

Viver em atitude positiva

É preciso tomar a decisão de viver aqui e agora, sem deixar que a memória invada o nosso presente. Assim, evitaremos nostalgias e nos libertaremos de viver mais preocupados do que ocupados. É sábio usufruir das pequenas coisas que a vida nos oferece, como passeios, amanheceres e entardeceres, jogos de cartas, álbuns de fotos ou uma boa comida. É sábio saber viver com humor para descobrir o arco-íris da vida, a delícia do amor e a amizade entre os dois.

Essa atitude positiva de viver submersos no momento presente, desfrutando o aqui e agora, sem que nos escape a lembrança do que devíamos fazer depois do que aconteceu ontem, sem que se apodere de nós a nostalgia, a comparação ou o ressentimento, vai nos ajudar a dar a cada situação sua importância, sem deixar que os problemas vividos em toda existência humana nos obscureçam a vida ou nos estraguem um só dia.

Viver em atitude positiva, saber ver o copo meio cheio em vez de lamentar-se por já estar meio vazio, não é infantilismo mental, mas otimismo inteligente, algo que nos ajudará a extrair da vida o melhor e a sermos mais fortes nos momentos difíceis.

E o que acontece quando no casal um é positivo e o outro, negativo, ou seja, quando um se enamorou do outro precisamente porque lhe encanta que seja tão diferente e pelo que lhe traz de verdadeiro ou de positivo, ficando, no fundo, convencido de que conseguirá mudar o que lhe incomoda no outro? Pois está muito equivocado. Só mudamos na vida conjugal.

Será melhor ter uma atitude mais inteligente de aceitação do outro tal como ele é, de reconhecer o ânimo vital que cada um tem e, depois, decidir como vocês querem que sejam seus dias: viver enxergando o que falta ao copo da vida ou optar por comentar o que ele ainda contém. E, em vez de fazer do casal uma história de comentários opostos, será melhor proporem juntos um código de comunicação que os ajude a levar melhor a vida e que seja o que vocês gostariam que seus filhos vivessem para serem mais felizes, pois, na realidade, é para isso que vocês dois vivem juntos.

O ENXOVAL

Falem tudo, não tomem nada por presumido

Cada um leva para a nova existência comum uma série de coisas que ajudarão a atender as necessidades básicas da nova família. O que em princípio parece muito fácil, no momento de somar as coisas materiais de um e de outro (enfeites, livros, CDs, pequenos caprichos, roupas, utensílios de higiene, de lazer ou da vida...) produz um caos, a não ser que um deles venha quase sem nada e, então, tudo o que o outro trouxer será superútil. O normal é acontecer uma desestruturação.

Essa colocação em comum é como uma espécie de invasão do outro, que defende, por exemplo, as maravilhas da sua pasta de dentes, a importância de colocar música em um lugar ou o hábito de utilizar um determinado objeto ou elemento na vida doméstica ou cotidiana.

Esse é um daqueles momentos de choque e incômodo que se costuma superar ou "anestesiar", passando por cima por conta da expectativa de viver juntos, expectativa que preenche tudo o mais de surpresa, esperança e encantamento.

Casa nova, velhas lembranças

A realidade é que cada um vai para a nova casa ou traz para a nova vida uma espécie de baú de recordações. Ele contém muito mais coisas do que aquelas de que cada um está consciente; coisas que se vão esvaziando pouco a pouco, sem que cada um se aperceba muito e, às vezes, surpreendem até o proprietário do baú. Cada um, sem

sequer estar consciente disso, segue pela vida com a família incorporada, com seus afetos repartidos e com uma série de aprendizados da primeira infância. E todos estamos convencidos de que a vida é realmente assim.

Em nossos primeiros anos, aprendemos, sem questionar absolutamente nada, o que é a higiene, o lar, o alimento, a doença, a roupa, o corpo, o afeto, o medo, o dinheiro, o lazer, o riso ou a tristeza, a vida ou a morte… Aprendemos tudo, sem nos darmos conta disso, nos três primeiros anos.

Trazemos o "disco rígido" cheio de premissas das quais não estamos conscientes, mas que condicionam nossa maneira de ser e de agir. E o mais curioso é que todos nós temos razões para agir como agimos, pois os atos são fruto das crenças.

Cada família tem suas próprias crenças, agindo em conformidade com elas ou condenando quando alguém age de forma contrária. Por exemplo, se em minha família acredita-se que desordem é sinônimo de sujeira, desleixo e má organização, cada vez que eu tiver algo desarrumado vou me sentir mal comigo mesmo, vou me inquietar com o trabalho que me falta fazer e me desqualificarei segundo as crenças que aprendi.

Por outro lado, se em minha casa se considera a desordem sinônimo de vida, de liberdade, de estar mais atento às pessoas do que às coisas…, a desordem ambiental pode me fazer sentir generoso,

contente com minha disponibilidade e com a sensação de coerência interior, sabendo que o esforço posterior de arrumação será menor do que o benefício que supõe que todo mundo pode utilizar tudo, mais atento a desfrutar do que a arrumar.

Os pequenos detalhes

Assim como em relação à ordem, acontece a mesma coisa em relação à doença, à comida, à roupa, a Deus, a qualquer coisa que nos propusermos a analisar. Numa família em que ter muitas coisas é considerado sinônimo de desperdício, de falta de generosidade em compartilhar, de incoerência cristã por não saber ser austero e ter em excesso..., cada vez que um de seus membros receber ou for presenteado com algo que tenha de sobra, desejará compartilhar o que tem a mais, oferecendo a quem não tem aquilo que lhe sobra; do contrário, vai se sentir incomodado interiormente por acumular em excesso.

Por outro lado, se um membro do casal foi educado em uma casa na qual tiveram poucas coisas, ficando sempre com a sensação de que desejavam ter mais, de que estavam sempre carentes de quase tudo..., ele vai se agarrar a cada coisa nova com o desejo de guardá-la, por segurança, caso as outras se estraguem, ou caso algum dia precisem dela, sentindo-se dessa maneira encantado por ter de tudo em grande quantidade. Ao agir assim, de algum modo acalma a ansiedade na qual foi educado.

Independentemente dessa explicação que lhes estou dando sobre o ter, quero lembrar-lhes de que a única forma de solucionar

o problema (embora não lhe seja atribuído este nome, é sim um dos problemas iniciais da vida em comum) é compactuar, é falar de tudo com muito vagar, para conhecer que necessidades e desejos cada um tem e o porquê de ter essas ou aquelas coisas.

Há pequenos detalhes que são simples manias domésticas, pessoais ou familiares e que não têm qualquer importância, mas há outros que podem trazer eternas censuras, que esfriam o ambiente e dificultam o bom viver. Não altera nada na vida em comum que um aperte o tubo da pasta de dentes de baixo para cima e que o outro o aperte com a mão toda, de forma a deixá-lo como um acordeão. Esse pequeno detalhe não tem nada a ver com o amor do casal, no entanto, costuma ser fonte de eternas discussões na vida em comum.

Isso pode levar à discussão tanto um casal que vive junto há um mês, quanto outro que convive há sessenta anos. Um aprendeu em seus primeiros anos de vida que deveria fazer algo de uma determinada maneira, achando por isso que devia usar o tubo assim. Se não tiver combinado com o outro sobre como devem fazê-lo na nova casa, continuará condenando-o e achando-o um desorganizado ou um perfeccionista. Mas o pior é que isso quebra um pouco a harmonia e a forma diferente de agir incomoda o outro.

Expressar os sentimentos

Talvez essas pequenas diferenças que estou descrevendo lhes pareçam bobagens, mas são as que provocam contínuos desencontros,

sentimentos de distância que, ainda que os dois não tenham tido qualquer problema, fazem com que se sintam um pouco longe um do outro. É possível que nenhum desses exemplos seja o mais acertado para vocês. Seria bom que tentassem dialogar sobre suas crenças e seus costumes domésticos de qualquer tipo. Tomem-nos com um pouco de humor e analisem juntos quais as besteiras que os tiram do sério e que talvez tenham sido o motivo de uma de suas últimas discussões.

Essas são as dificuldades da relação que, vistas de fora, parecem bobagens, mas que, por dentro, perturbam a harmonia e tornam normais as censuras ou os desencantos no viver em comum.

Precisamos ser muito inteligentes emocionalmente para estarmos atentos ao que acontece dentro de nós quando as coisas, por menores que sejam, são feitas de uma forma diferente daquela que consideramos "a certa". É bom escutar a própria emoção, inclusive a reação posterior que provoca. Depois, quando o efeito tiver passado e já pudermos rir de nós mesmos, sem levar a coisa tão a sério como quando estamos "de cabeça quente" ou agitados, devemos falar sobre isso calmamente com o outro. Expressem os próprios sentimentos, que não são nem bons nem ruins, mas que são simplesmente os de cada um, e escutem os do outro, de forma que com essas conversas se vá entretecendo essa trama comum da nova família que vocês estão criando.

Falar tudo e amar muito

Cada família pensa e age de uma determinada forma. A família de cada um de nós assim o fazia com erros e acertos, e assim vivemos.

Agora cabe a vocês criar a sua, que também será única. E ela não tem que se parecer nem com a dos seus melhores amigos, já que cada um é único e insubstituível. A soma de vocês dois também é uma soma única, que vocês têm que criar e dar forma pouco a pouco, vida a vida, conversa a conversa.

Falem de tudo, não tomem nada como suposto. Muitas vezes há coisas do outro que nos magoam e não o dizemos para não quebrar a harmonia. Depois, esse sentimento cristaliza e deteriora-se, despertando ressentimentos incontrolados, que não se sabe quando nasceram nem de onde surgiram. E isso acontece porque não se falou no momento certo sobre aquilo que magoava, não se pediu aquilo que se precisava ou não se defendeu a própria parte pessoal.

E quando emergirem manias ou hábitos incontrolados de dentro de seus baús de crenças – esses com os quais nós, os pais, enviamos vocês para a vida –, não os tomem como bons sem mais nem menos, pois tudo é questionável, tudo é melhorável, tudo é retificável; e, sobretudo, lembrem-se de que não existem verdades absolutas. Além disso, pensem que podem prescindir de tudo o que nós, pais, colocamos em seus baús, desejando que levassem o melhor de casa, aquilo que lhes facilitasse a vida. Vocês podem prescindir de tudo, menos do amor. Amem-se, amem-se muito, demonstrem-no e digam-no sempre que puderem, pois essa é a única coisa que manterá viva a história em comum que agora começam.

É PRECISO EXPRESSAR O AMOR

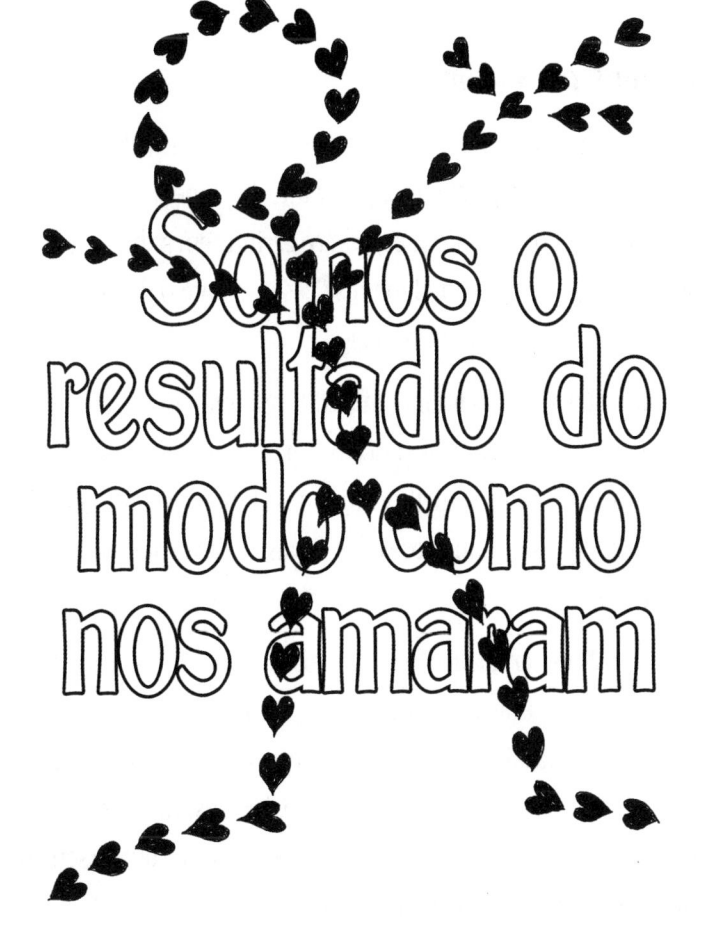

Somos o resultado do modo como nos amaram

Talvez nós, os pais, não tenhamos conseguido ensinar-lhes a expressar carinho com total liberdade. Nós, os da geração anterior, fomos educados para esconder os afetos, guardá-los para a intimidade, para a horizontalidade... E, além disso, não era necessário falar de carinho, pois tomávamos como suposto que nos amávamos, já que levávamos tanto tempo compartilhando casa, cama e economia.

Nascemos para o amor

Vocês se amam, escolheram-se para sempre. Vão pela rua e dão um amasso ou um beijo, em qualquer canto do planeta, estejam com quem estiverem. Por que raio se expressa o carinho em público durante o noivado e depois, quando alguém se casa, sempre o dissimula em público e o guarda para a intimidade?

Não há nada mais bonito, mais estimulante e mais contagioso que alguém que se ama. Nós nascemos para o amor e somos mais humanos quanto mais e melhor amamos. Então, por que são tão malvistas as expressões amorosas dos casais uma vez institucionalizada sua relação?

Eu gosto de ver no metrô esses casais que vão encantados, batendo papo, demonstrando seu carinho... Por outro lado, preocupa-me a quantidade de casais mais velhos que se amam imensamente, que dariam a vida um pelo outro, mas que não demonstram o menor interesse, que não expressam o menor gesto de ternura e que se sentem ridículos expressando afeto em público.

Essa é uma falha social que deve ser corrigida, e vocês deveriam se sentir um pouco responsáveis por isso. Suporta-se o desamor. Os casais separam-se cada vez com mais freqüência, ridicularizam-se os gestos amorosos dos casados, nunca os dos noivos ou dos casais recentes. E assim, entre uns e outros, vamos criando um ambiente de desamor, de frieza e desinteresse pelo companheiro de vida que não contagia o desejo de casar, o desejo de partilhar o projeto de vida com outra pessoa, o desejo de criar uma nova família.

A família anterior também tem muito a ver com a expressão do amor. As pessoas acham que "o normal" é o que se viu fazer na própria casa. Assim, há quem se levanta e dá um beijo em seus familiares, porque em sua casa se tocam e se acariciam com naturalidade, dizendo mil e uma vezes que se amam. Já numa outra família, há quem se sinta "violado" à menor demonstração de carinho, já que em sua casa jamais se expressou amor, não se criou o hábito de beijar, abraçar ou dizer um ao outro o quanto se amam.

O amor que não se expressa não existe

Contam que uma mulher disse à sua mãe: "Mamãe, você foi a melhor mãe do mundo". A senhora, com os olhos cheios de lágrimas, respondeu-lhe: "Minha filha, como eu gostaria que você tivesse dito isso antes!".

Em muitas famílias acontece de se expressar o carinho quando a pessoa já não é capaz de se inteirar. Como é grande necessidade que

todos nós temos de amar e ser amados! Vivemos juntos porque nos amamos, mas não sabemos dizê-lo uns aos outros, ou o dizemos tão poucas vezes!

De nada vale que eu ame muito uma pessoa se não digo isso a ela. O amor que não se expressa, não existe, não é. E não bastam as demonstrações nem o dar como presumido, também é preciso expressá-lo; e é melhor que seja com freqüência.

Um amigo nosso, uma grande pessoa e um excelente filho, comentava outro dia que nunca havia dito a seu pai que o amava. Agora que já é muito mais velho, tem enorme desejo de dizer isso a ele – antes que morra –, mas se sente ridículo ao imaginar a si mesmo expressando amor a seu pai.

Isso acontece com muita gente, sobretudo em relação aos pais. Depois, quando chega a separação definitiva, arrependem-se por toda a vida por não lhes terem dito quanto os amavam.

É preciso se esforçar para manter vivo o amor e declarar guerra à rotina, ao hábito que faz com que você se acostume ao que tem como normal, não o valorizando porque não sente falta dele, porque o tem como certo, porque não precisa lutar para o conseguir.

A felicidade é medida por cotas de amor

Convém recordar que a felicidade da pessoa é medida por sua intensidade afetiva. Assim, sejamos afetuosos, expressemos o carinho

no casal, na família, às crianças, aos amigos, a todas as pessoas que formam nossa vida, já que nós somos o resultado do modo como nos amaram. Não caminhemos pela vida deixando nossos queridos órfãos de amor, quando é precisamente o carinho que dá estabilidade e segurança ao indivíduo.

Precisamos sair amados de casa, precisamos sair bem-amados para o mundo para agüentar as dificuldades da vida, para saborear mais o melhor da existência. O carinho precisa ser expresso para assim desfrutar a festa da vida, da amizade e da relação. Nascemos para o encontro, para a comunicação, para facilitarmos a vida uns aos outros com nosso calor e nosso afeto.

Proponho-lhes que falem de seus diferentes hábitos com relação à expressão do amor, do que aprenderam na família anterior, do que querem melhorar e corrigir, do que não querem repetir e dos hábitos que querem cuidar na expressão de seu amor, para que seu lar seja um espaço no qual se nutram mutuamente de carinho e contagiem com ele os que vivem ao seu redor.

Vocês já sabem que as coisas do amor são trivializadas; talvez seus amigos façam piada, tirem um sarro de vocês e os façam se sentir ridículos em mais de uma ocasião. Mas sejam valentes, defendam sua relação, sua história em comum, que é de amor, não de conveniência, nem de se suportarem mutuamente, nem de controle.

Sei que o que estou lhes propondo é ir contra a corrente, pois não se agüenta o amor, aceita-se melhor a censura, o abandono e o deboche, porque "o fisgaram".

EU SEDUZO VOCÊ,
VOCÊ ME SEDUZ...
NÓS NOS SEDUZIMOS

É uma barbaridade

seduzir o de fora

e maltratar o de dentro

A vida de casal começa por uma sedução entre o homem e a mulher. Cada um usa de seus melhores ornamentos para agradar o outro, inclusive oculta ou dissimula um pouco seus defeitos para não obscurecer o positivo. Nos programas sobre a natureza, vemos como as espécies animais cuidam da corte e sedução de seu par. Hoje em dia, dão-se cursos de sedução até pela internet. Nas empresas, ensina-se os vendedores e certos executivos a seduzir com o fim de conseguir os melhores resultados em seu programa.

A arte da sedução

A sedução é um esforço que se faz para atrair, para agradar ao outro, para o fazer se sentir bem com você, para conseguir que escolha você entre outras pessoas. Todos nós temos capacidades de sedução, e dizem que é no namoro que se utilizam todas elas.

Quando alguém está seduzindo, embeleza-se, adoça-se, melhora-se... dá o melhor de si mesmo. Pode até se tornar criativo, poeta ou artista. E como cada ser humano em seu ser único é uma maravilha, no tempo em que está ocupado em seduzir, converte-se em um ser especial e fantástico, pois desenvolve capacidades que, em outro momento de sua vida, ficam adormecidas ou relaxadas.

O ruim é que a vida normal, a rotina e o cotidiano adormecem a sedução. Então cada membro do casal ocupa-se em satisfazer as necessidades básicas físicas e deixa que a casa, o trabalho, os compromissos sociais e as mil tarefas obscureçam a relação, façam o amor adormecer e baixam o nível de expectativa necessário para se viver a dois.

Alguns deixam de seduzir a outra pessoa quando já formalizaram a sua relação, quando levam um longo tempo de noivado, quando começam a viver juntos ou quando se casam. E deixam sua simpatia, suas melhores qualidades para as visitas ou para momentos especiais.

A barbaridade de seduzir o de fora e maltratar o de dentro

Imaginem que, um dia, um vizinho venha tomar um drinque e deixe cair vinho no sofá novo, branco, que vocês cuidam com tanto esmero. Você imediatamente lhe diz para não se preocupar, não se importar, que o sofá está aí para isso, para ser usado, que as coisas mancham mesmo, que a mancha certamente vai sair, e se não sair, também não tem importância, porque sempre resta a possibilidade de revesti-lo novamente.

No dia seguinte, seu companheiro deixa cair um copo de água e umas gotas salpicam o sofá; você lhe dá uma grande bronca, pois ele "não tem cuidado com nada, sabendo que é tão delicado..." e "o mais provável é que a água deixe mancha e isso já não terá conserto".

Que aconteceu entre vocês dois? Puseram o sofá em primeiro lugar. Além disso, um dos dois gastou energias em seduzir o vizinho, alguém com quem se supõe que vocês não têm um projeto de vida em comum nem grande interesse em manter uma relação amorosa. Com o companheiro, ao contrário, deixou emergir todos os apegos e o lado mais obscuro.

Vocês não mentiram para nenhum dos dois. Gostariam de ser como reagiram com o vizinho, mas são como reagiram com seu par. Pensando bem, é uma barbaridade seduzir o de fora e maltratar o de dentro, que você ama, quem realmente importa que seja feliz. O vizinho voltou para a casa tranqüilo, porque vocês são muito legais e não deram importância ao material; mas o companheiro ficou magoado, porque o sofá foi mais importante que ele.

Sedutores na rua, mas descoloridos e insípidos em família

Assim agimos na vida normal:

- Somos mais sedutores com os que telefonam do que com os que estão em casa, ao nosso lado.

- Somos mais simpáticos com quem vem de fora, ainda que seja para nos vender uma enciclopédia, do que com quem está, dia a dia, hora a hora, atento a você.

- Utilizamos nossas habilidades de comunicação para criar encontros com quem menos nos interessa.

- Gastamos muita energia para agradar pessoas que talvez não nos agradem nem nos interessem.

Esta atitude converteu-se em hábito: somos simpáticos, encantadores, sedutores... e, ao chegar em casa, relaxamos e passamos a ser grossos ou simplesmente "autistas".

Não está certo! Estamos agindo contra nós mesmos e, sobretudo, contra o que queremos construir, contra o nosso amor, contra nossa relação ou nossa família.

Quantas pessoas são encantadoras na rua e mudas, azedas ou simplesmente estranhas dentro de seu lar! Temos de estar muito atentos para que isso não nos aconteça na vida familiar.

Há tanta gente divertida e detalhista nos bares; em casa, ao contrário, convertem-se em espectadores silenciosos da televisão e da vida dos que o cercam! Sedutores na rua e pessoas descoloridas, inodoras e insípidas na família. Há muita gente assim hoje em dia. Todos nós corremos o risco de nos transformar nesse tipo.

É preciso estar muito atento para que isso não nos aconteça.

A COMUNICAÇÃO (OU O SEGREDO DE CONTINUAR APAIXONADO)

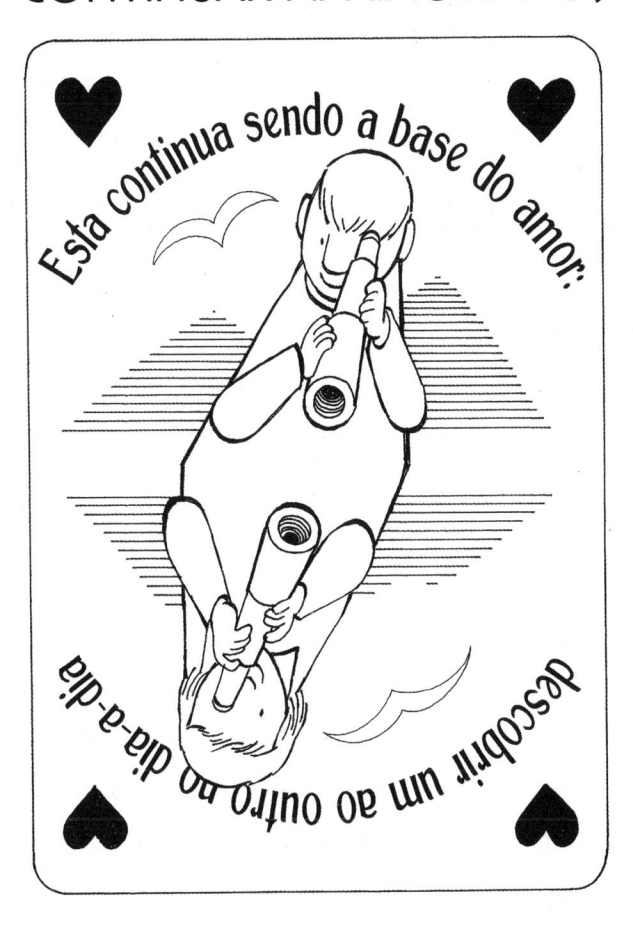

Para manter vivo o amor é preciso cuidar da comunicação, que é uma habilidade que, como qualquer outra, deve ser aprendida. O início de sua relação foi um encontro de duas vidas. Conforme iam se apresentando um ao outro, foram se apaixonando.

Esta continua sendo a base do amor: ir se descobrindo dia a dia, surpreender-se com o que se sente na vida sendo o outro, celebrar suas diferenças e maravilhar-se com as coincidências e com o que o outro é em sua identidade... Comunicação: palavra tão estranha quanto difícil de viver!

Aceitar o outro sem pretender mudá-lo

Curiosamente, apaixonamo-nos pelo outro por causa do que ele tem de diferente, porque as diferenças nos surpreendem. Depois, passamos o resto da vida tentando mudá-lo, querendo que pense ou sinta como nós. É que costumamos permanecer com a nossa verdade.

Achamos que o lógico, o normal, a verdade é o que nós pensamos ou nossa forma de ver as coisas. Custa-nos aceitar que o outro tem outra forma de ver a vida, de interpretar as situações e de reagir diante dos acontecimentos. Custa-nos aceitar que tem uma maneira diferente de enfocar as coisas e os problemas, tão válida quanto a nossa. De fato, estamos mais aferrados às nossas verdades do que pensamos.

Dizem que o ser humano gasta quase todas as energias de sua vida em ter razão, que aquilo em que emprega mais tempo da sua existência é em demonstrar aos outros que detém a verdade. Embora

todos nós saibamos que não há verdades absolutas, que tudo é relativo e que todos detemos apenas parte da verdade, agimos como se a única razão fosse a nossa.

"Sua verdade, minha verdade, a verdade"

Deveria ser colocado em todas as casas um grande letreiro que dissesse: "A sua verdade mais a minha verdade é igual à verdade". Assim, buscaríamos verdades comuns ou respeitaríamos as individualidades. Assim, não gastaríamos tanto tempo e energia tentando convencer o outro de que temos razão ou de que a nossa postura é lógica. Além disso, a maioria das discussões dos casais costuma ser por temas insignificantes. Quase nunca se discute por temas fundamentais ou de suma importância, que tenham a ver com as verdades da vida da pessoa. Em vez disso, a esses temas que têm a ver com nossas crenças mais profundas: fidelidade, amor, filhos, dinheiro, valores... dedicamos pouco espaço e falamos neles só às vezes, de passagem. Seria necessário dedicar-lhes mais tempo para criar uma forma comum de viver e uma ordem de valores compartilhada.

O intercâmbio aberto de seus pensamentos e sentimentos é a seiva da sua relação. Compartilhar esperanças, desejos e sonhos fortalecerá sua união.

Levar o outro a sério é ser capaz de se colocar no lugar dele para aceitar suas razões, para participar de suas paixões, sentimentos, anseios e prazeres. Trata-se de ter simpatia pelo outro, ou seja, saber viver e experimentar em uníssono com ele, não o deixar totalmente sozinho nem em seu pensar, nem em seu sentir, nem em seu querer.

Shakespeare disse que somos feitos da substância com a qual se tecem os sonhos, e essa seria a melhor forma de ser par: ir tecendo juntos as vidas, os sonhos e a história em comum.

Comunicar-se é compartilhar

Comunicar-se é compartilhar. Na medida em que eu conto a você como alguém se sente no mundo sendo eu, e você se comunica comigo do mesmo modo, compartilhamos nosso próprio e respectivo mistério. Ao contrário, na medida em que nos distanciamos um do outro e rejeitamos a transparência mútua, o amor diminui.

A comunicação é o segredo para continuar amando. Comunicar-se é continuar o sim que se dá no casamento com um número ilimitado de pequenos "sins" cotidianos, que, por sua vez, também se dão cada vez que estamos dispostos a manter uma comunicação íntima com o outro. O que acontece é que, muitas vezes, preferimos discutir o amor a vivê-lo.

Se o amor funciona sempre e mais quando as pessoas o trabalham, por que deixa de funcionar tão freqüentemente? Será tão grande assim o esforço de nos mantermos em comunicação, a ponto de a maioria dos casais não estar disposta a realizá-lo, deixando morrer a relação?

A mim chama-me muito a atenção quando vejo casais que estão a ponto de casar-se ou de irem viver juntos e ainda não falaram dos filhos, nem do lugar que Deus ocupa na vida de cada um, nem de como vão se relacionar com as famílias anteriores, nem de seus delineamentos sociais ou solidários, nem se querem ter uma casa aberta e acolhedora ou de visita-museu... Em vez disso, já escolheram todos os ornamentos e efeitos especiais da casa, não lhes escapando um só detalhe de sua superdespedida de solteiros, além de já terem programado a cerimônia, a comida, a decoração, a festa e a viagem de núpcias.

A verdadeira comunicação

Dialogar é muito mais que contar o que se passa conosco. É preciso construir uma sólida história em comum à base do contar tudo, do contar os próprios sonhos e as pequenas chatices, de compartilhar tudo o que vocês são, cada um em sua totalidade.

Utilizem todas as suas habilidades para se comunicarem profundamente entre si. Lembrem-se de que a arma mais poderosa que temos para a guerra não são os tanques, mas as palavras... Quando um casal está mal, às vezes não recorre às suas melhores expressões; em vez de comunicar-se para construir, parece que o faz para destruir o já conseguido. Defendermo-nos quando nos sentimos atacados é algo que faz parte da natureza humana; trata-se de um mecanismo de defesa programado em nossos genes para assegurar a sobrevivência em um meio hostil. Por isso, todos nós temos que aprender a lidar com nossas reações defensivas.

A verdadeira comunicação vai além do falar e escutar. Ela abre caminhos pelos quais passam seus pensamentos e sentimentos, sem que estes se vejam enganados por dúvidas, temores ou reações violentas. Está baseada no mútuo respeito e entendimento. Pressupõe a vontade de expressar suas verdades ou sentimentos e permitir que o outro faça o mesmo.

Esse intercâmbio é essencial para criar uma união autêntica e duradoura, pois sem uma boa comunicação o casal vai se converter em um barco à deriva, rumo à frustração, com confusões, ressentimentos e mal-entendidos.

A comunicação é o instrumento por meio do qual vocês construirão pontes de união entre si. Erguer essas pontes permitirá a criação de um espaço sagrado entre os dois e os levará a viver uma intimidade mais intensa e profunda.

EU ACOLHO VOCÊ
EM SUA TOTALIDADE

O autêntico amor nada mais é do que ajudar o outro para que seja um

A grande força do amor consiste em querer fazer feliz a outra pessoa, desejando-lhe o melhor bem possível e dando-lhe do melhor que se possa e na medida em que esteja a seu alcance. Quando dizemos ao outro: "você é a minha vida", o que fazemos é introduzi-lo dentro de nós, em uma espécie de transbordamento, de doação mútua.

Vocês querem fazer feliz um ao outro. Esse é o amor verdadeiro, já que a felicidade é a plenitude do bem. Esse amor inundará a vida cotidiana apesar da monotonia e das dificuldades. Essa aventura, sim, vale a pena, e por ela cada um de vocês foi capaz de apostar tudo. Mais que um mero sentimento, o amor é um compromisso assumido para sempre e de maneira decidida e incondicional.

Viver juntos para viver melhor

Vocês vão viver juntos para viver melhor. Vão compartilhar a magnitude de suas personalidades em toda a sua integridade. No começo da relação, o corpo foi a principal fonte de atração; depois, conforme foram comunicando e contando quem e como vocês são, aprofundaram-se em outras partes de sua história pessoal e sua forma de ser. Então compartilharam muito mais do que seus corpos. Foram ensinando um ao outro os recantos da alma. Foram se redescobrindo e se surpreendendo pouco a pouco, em uma surpresa contínua, com a distinta maneira de viver e os pequenos detalhes que formam a vida do outro.

Agora que suas vidas se uniram para sempre, cada um abraça uma vida inteira, com seus prazeres e sombras, com suas maravilhas

e feridas, com suas genialidades e manias... e com uma série de aprendizados sobre a vida, que podem coincidir com os seus ou ser completamente opostos.

A realidade é que, a partir de agora, vão viver juntos em corpo e alma. Será preciso muita inteligência emocional para conhecerem a si mesmos e muito mais para entenderem um ao outro, já que a vida em comum é difícil e, às vezes, um quer ficar apenas com uma parte do outro, em vez de tê-lo por inteiro.

A aventura mais difícil

Para receber a vida do outro, para formar um casal, deveríamos nos preparar como quando começamos um novo trabalho ou nos dão uma nova responsabilidade na empresa. No entanto, lançamo-nos nisso, na aventura mais difícil da história humana, sem nenhum tipo de aprendizado. Para casar na Igreja, exige-se apenas um cursinho pré-matrimonial, que só traz idéias para pôr em marcha todos os recursos pessoais que cada um possui para viverem juntos.

Seria preciso reinventar esses cursinhos para que fossem uma maratona de inteligência emocional, na qual se ensinasse a aprofundar na própria vida e a libertar-se das cadeias interiores que nos impedem de viver intensamente, e nos fomentasse a capacidade de compreensão para começar juntos um processo de crescimento. É preciso oferecer cursinhos verdadeiramente úteis, que preparem os noivos para iniciar uma nova etapa de vida plena.

Dizem que os fatores determinantes do êxito de uma pessoa no âmbito geral de sua vida são a capacidade de automotivação, a perseverança, saber controlar os impulsos, deter-se em gratificações, regular nosso ânimo e as capacidades que nos permitem comunicar e viver em harmonia com os outros. A maioria dessas capacidades está relacionada com nossa educação emocional, grande parte da qual se forja durante a infância, ainda que continue sendo modelada ao longo de toda a vida.

A inteligência emocional

Existem evidências claras de que as pessoas que sabem relacionar-se adequadamente consigo mesmas (ou seja, que dominam adequadamente sua vida emocional) e com os outros (compreendem e consideram os sentimentos alheios) são as que contam com mais vantagens em todos os aspectos de sua vida pessoal, social e profissional. Essas mesmas pessoas serão muito mais positivas na hora de viver em casal, pois saberão construir uma relação com base sólida e madura, que não se afunde com os vaivéns e as dificuldades da vida.

Em geral, esses homens e mulheres são pessoas mais eficazes, sentem-se mais satisfeitos e sabem controlar os hábitos mentais que determinam a capacidade de trabalho.

Como muitos casais abandonam a relação por analfabetismo emocional, ou seja, por não saber manejar suas emoções nem controlar as dificuldades, proponho a vocês cinco habilidades que se deve levar em conta na hora de viver com uma certa inteligência emocional:

1. Conhecer as próprias emoções.

2. Exercitar-se na capacidade de controlá-las.

3. Saber motivar a si mesmo, sendo fiel ao próprio projeto pessoal e de casal.

4. Ter empatia e capacidade de reconhecer as emoções dos outros.

5. Desenvolver cada dia mais a capacidade de relacionar-se eficazmente com os outros. Crescer em habilidades sociais e na sabedoria de criar encontros.

Todos os seres humanos possuem essas capacidades. Cada um pode escolher desenvolvê-las ou deixá-las adormecidas em sua biografia, sem ter feito delas hábito vital. Mas sempre é tempo de aprender e melhorar. Todas essas habilidades favorecem a harmonia do casal e uma vida mais satisfatória e gratificante.

Quando a satisfação, a segurança e a evolução da outra pessoa chegam a significar para você tanto quanto sua própria satisfação, segurança e evolução, então há amor entre vocês. O autêntico amor nada mais é que o desejo inevitável de ajudar o outro para que seja quem é: ele mesmo.

SEU CORPO

O corpo do outro

é como se fosse meu próprio corpo

A comunicação física é sentir-se atraído pelo mais externo do outro, aquilo que chama a atenção e que vemos à primeira vista. Isso é tão importante que, se a outra pessoa não entrar pelos olhos em um primeiro momento, será quase impossível estabelecer-se entre eles uma comunicação mínima.

O primeiro puxão que convida à comunicação é a atração física, além do encanto, a graça, o estilo, a figura, as feições do rosto, os olhos, a boca, as mãos, o aprimoramento, o sorriso e mil detalhes mais.

À sua vida em comum, cada um traz seu corpo, que é seu cartão de apresentação. É o que se vê primeiro quando se conhecem.

Peritos no corpo do outro

Vocês podem oferecer um ao outro o corpo, podem sentir-se atraídos e em comunicação no relacionamento, mas um e outro tem que ir se tornando perito no corpo do outro: saber que tem suas necessidades e que também são responsáveis pela alimentação, pelo cuidado, descanso, estética, exercício e saúde do outro.

É necessário que falem de seus corpos, que contem um ao outro como se sentem, que conheçam as necessidades do outro. Mas, como vocês são totalmente diferentes, não podem esperar que o outro adivinhe o que sentem, o que lhes agrada ou do que precisam. Devem falar muito de todo o físico para se sentirem mais próximos, para se tornarem mais um, para se fundirem melhor no abraço em comum e para se entregarem completamente.

Os dois são um só corpo

Nenhuma de suas células viveu mais de dez anos. É possível que em breve sua história em comum esteja formada por dois corpos renovados por inteiro, que foram mudando em uníssono nesse transcorrer dos dias e dos anos.

É preciso saber olhar o corpo do outro com respeito, com carinho, com admiração, sabendo que os dois formam um só corpo, não apenas no encontro sexual, mas em toda a sua vida em comum, já que o corpo do outro é como se fosse seu próprio corpo.

Quando você repousa tranqüilamente junto de seu par, escutando o pulsar de seu coração e a cadência de sua respiração, está conectando em um nível íntimo; então, os dois começam a mover-se com os ritmos do outro e isso permite a criação de um novo ritmo que é o "nós".

SEUS PENSAMENTOS, IDÉIAS E CRENÇAS

Se você realmente respeita o outro tal como ele é, não pode reduzi-lo às suas próprias expectativas

Outra parcela importante que você vai compartilhar a partir de agora é a mental. Cada um tem idéias na cabeça. Possivelmente terão gostado da forma de pensar do outro e, por isso, escolheram viver a vida juntos, mas haverá muitas coisas nas quais seus pensamentos são opostos. A cultura inculcou-nos leis rígidas, cuja única razão é que "sempre se fez assim". Os dois terão um monte de idéias desse tipo que precisam ser contrastadas, compartilhadas e, finalmente, pactuadas para que restem aquelas que os fazem mais livres e mais felizes.

A vida em si é puro deleite. Cada um é amor e felicidade, elementos agora em potência que precisam ser desenvolvidos. Apenas os obstáculos da mente os impedirão de desfrutar plenamente. São as resistências impostas pela própria programação que nos impedem de ser mais felizes. Se deixarem fluir, haverá em vocês uma harmonia igual à que existe na natureza, ou até maior, já que são pessoas e estão dotados para captar a bondade, a felicidade e a beleza, o que os torna criativos e capazes não apenas de ser felizes juntos, mas também de dar amor e felicidade em profusão. Só de refletir sobre isso já começam a melhorar, pois se dar conta é o primeiro passo para a cura.

Mais autênticos e mais livres

Lembrem-se de que vocês têm que se conhecer cada dia mais e que também são responsáveis por crescer mentalmente, por nutrir a mente de formação e informação e de curar-se e libertar-se dia a dia, para que cada um chegue a ser mais autêntico e mais livre. Quando um

dos dois tem pensamentos ou deformações mentais que o debilitam ou lhe dificultam a vida, é responsabilidade de ambos curar essas parcelas mentais castradoras que o impedem de crescer e ser feliz, pois cada um já não é responsável apenas por sua própria história e sua própria mente, mas também pela outra pessoa e por sua felicidade.

Se alguém está cheio de pensamentos negativos que limitam e freiam sua vida, que lhe trazem complexos ou o impedem de crescer e chegar a mais, será também responsabilidade de seu par ajudá-lo a superá-los. Deve-se até procurar um especialista, caso esses pensamentos o limitem a ponto de fazerem-no viver de forma doentia. Há casais em que um cresce mentalmente e o outro fica raquítico. Isso, além de produzir um distanciamento na relação dos dois, é uma falha tanto daquele que não quer crescer como daquele que não o estimula e o impulsiona, pois ambos são responsáveis pela realização do outro.

Também é interessante que compartilhem suas idéias sobre o amor, ciúme, crises, sonhos... e, sobretudo, sobre as expectativas que colocam um sobre o outro, já que nunca chegam a se cumprir. Se você realmente respeita o outro tal como ele é, não pode reduzi-lo às suas próprias expectativas, mas deve deixá-lo viver em liberdade.

Pôr a vida em ordem

Uma mensagem de Lao-Tsé para sanar a mente de cada um diz: "Ponha sua vida em ordem e sua vida vai melhorar".

Se sua vida melhorar, você influirá em sua relação. Se sua relação melhorar, influirá na comunidade.

Lembre-se de que a influência que você tem sobre os outros começa em você mesmo e surge como um sussurro. Juntos, vocês podem ajudar a olhar o passado sem sentimentos de culpa, o presente sem insatisfação e o futuro sem insegurança. Ajudem-se a harmonizar passado, presente e futuro. Deixem que Deus lhes fale ao coração e os faça recordar de que ele está com vocês para os ajudar, para que vivam uma vida plena, para que comecem de novo.

Cada um tem um conceito diferente sobre a relação. A única possibilidade é a que acontece entre dois indivíduos que, em relações de igualdade, decidem estabelecer um acordo de compartilhar a vida e o realizam. A relação é um pacto que os une, e embora todo pacto comporte certa colocação de limites, ele não pode opor-se à liberdade de cada um; pelo contrário, rever, comentar e alterar o pacto faz parte da liberdade dos dois.

São exatamente esses pontos de acordo com o outro que os vinculam como unidade. Mas como essa unidade que vocês formam está em contínuo movimento e mudança, não sendo portanto estática, é imprescindível modificar o que foi pactuado para se manter no equilíbrio instável, que é o vínculo do casal. Graças a essa mudança constante, continuar juntos tem sentido.

SUAS RELAÇÕES

As pessoas que não evoluem são pequenos ladrões da felicidade dos outros

A dimensão social da pessoa, a capacidade de relação, a necessidade de viver em comunicação consigo mesmo e com o mundo, são outras parcelas pessoais que a vida em casal comporta. Às vezes, uma pessoa muito sociável apaixona-se por uma tímida, reservada e com poucas habilidades de relação, convencida de que a mudará no trato com ela. Depois, costuma acontecer que um e outro sentem rejeição pela forma de ser tão diferente. Um farta-se das relações do sociável e o outro se sente cansado e farto da pouca abertura do tímido. É preciso falar muito, muitíssimo, sobre esse tema. Pensem que somos feitos para o encontro, nascemos para a relação e é na comunicação com os outros que nos tornamos realmente humanos.

Papéis e atitudes

Há alguns, no entanto, que têm autênticos problemas com os outros: em vez de desfrutar do encontro, sentem-se comparados, agredidos, invadidos ou enfastiados pela vida dos outros. Em muitos casos, por trás de alguém que foge das pessoas pode haver um medo oculto da confrontação com os outros ou uma insegurança interior que o faça sentir-se vulnerável quando está com os outros. Prefere estar apenas com seu par, por quem se sente escolhido e valorizado.

Convém lembrar que, se vocês vivem em casal, para viver melhor será preciso animar o outro a curar suas feridas relacionais, a analisar seus medos, a "despertar" e descobrir o que o faz sofrer no encontro com as pessoas, a ver se dentro de si há uma sensação de

competição, de comparação com os outros, de não aceitação de si mesmo ou menosprezo ao estar com alguém que considere brilhante... Há duas formas de estar no mundo: como pessoa-problema ou como pessoa-solução.

Na vida do casal, corre-se o risco de escolher um desses papéis ou, até, um de cada um. Isso acarreta uma relação doentia na qual um se vitima ou se queixa, criando contratempos, e o outro resolve tudo o que vai acontecendo. São duas posturas diferentes diante do viver cotidiano, diante da realidade pessoal e social:

- estar nessa atitude de evolução, de crescimento e de mudança, aprendendo e responsabilizando-se, atualizando-se e tornando-se adulto;

- ou estar em involução, que é ir retrocedendo, infantilizando-se, queixando-se, botando a culpa de tudo o que acontece nos outros, vitimando-se e pedindo sempre aos outros que o valorizem mais.

As pessoas que não evoluem são pequenos ladrões da felicidade dos que as rodeiam.

Na vida de casal, quando um decide evoluir e o outro escolhe a involução, produz-se um desgaste da relação e um estancamento que dificulta o amor e o caminhar juntos pela vida, em harmonia.

Olhar na mesma direção

Também neste assunto é preciso fazer um pacto de como se quer viver no futuro. Há que se falar do que a amizade representa para cada um, do lugar que os outros ocupam na própria vida e na vida em comum, de como se vai utilizar o lar e como vão ser vividas as relações com o mundo e com o entorno mais próximo.

Há muitos casais que se aborrecem sozinhos: um dos dois se encanta com as pessoas e tem vontade de estar com amigos para falar da vida, para se comunicar, para contrastar o viver cotidiano... enquanto o outro não precisa mais do que de si mesmo e de um pouco do seu companheiro.

Esse é um assunto que precisaria ser muito discutido antes de darem o passo de casar, pois a convivência será difícil entre duas pessoas com gostos tão opostos. De fato, se uma delas tem problemas em seu aspecto social, deve empenhar todos os meios para reparar isso, do contrário surgirá uma fonte de tensões e profundos desencontros.

E com respeito ao assunto do qual nos ocupamos, o que vocês dois mais devem discutir é sobre o tipo de casal que querem formar: seu projeto de família, o que implica para cada um ter filhos, o problema de os filhos não virem com um manual de instruções, pois é preciso muita generosidade e também muita paciência... Com efeito, enquanto não se tem um filho não se descobre realmente o que cada um é em toda a sua magnitude. E é também quando nasce um filho que começamos a compreender nossos pais.

Lembrem-se de que o lar está onde o coração ri sem timidez e as lágrimas do coração secam por si só. Vocês devem combinar que tipo de lar querem criar, conscientes de que é o seu projeto e o símbolo da nova vida que estão inventando juntos. O mero processo de criar revitalizará suas almas, e a criação conjunta será a soma de suas energias, entusiasmo e criatividade para trazer algo novo às suas existências.

SUA INTERIORIDADE
OU OS RECANTOS DE SUA ALMA

Para amar é imprescindível atrever-se a olhar para o seu interior

A pessoa também traz ao relacionamento sua parcela espiritual, outro componente do ser humano que todo mundo tem, creia ou não. É nesse espaço de silêncio onde se escuta a própria música interior.

A espiritualidade busca solucionar o problema do eu, que é tudo aquilo que nos desassossega e nos impede de ser e viver completamente feliz. A dimensão espiritual vai diretamente à raiz, resgatar o seu eu, o autêntico, que está afogado por barreiras que não o deixam ser livremente. É esse mundo interior que, quando alguém tem uma crença, seja em um ser superior ou em um valor, necessita de um tempo de silêncio; desse modo, é possível se pôr em contato com o melhor de si mesmo, vivendo assim com coerência.

Olhar para dentro

Para amar é imprescindível atrever-se a olhar para dentro. Muitas pessoas vivem separadas de si mesmas, conectadas apenas com o que pensam e sem saber o que realmente sentem.

Assim, será muito difícil entregarem-se ao amor, já que o que amarão será seu disfarce. De fato, essas pessoas vão parar para pensar quem são ou para que vivem. Temos necessidade de recuperar a própria identidade em sua totalidade.

Neste mundo de ruídos em que vivemos, temos nossa parcela espiritual muito castigada. Necessitamos estar freqüentemente sós para mergulharmos em nós mesmos, para encontrarmos nosso próprio lugar no mundo. Falta-nos tempo para o silêncio, para refletir, para

meditar sobre o que estamos vivendo e para ver se caminhamos para onde queremos chegar ou para outro lugar.

Sócrates dizia: "Não vale a pena viver a vida não observada, não examinada, porque não é vida". Há que saber abafar todos os ruídos, também os interiores, esses que ressoam quando ficamos a sós, deixando emergir os "sufocos", os "deverias" ou as "recordações".

Fazer silêncio e escutar Deus

Vocês, que crêem, precisam fazer silêncio e escutar Deus. E, sem dizer palavra, deixem que ele lhes fale ao coração e lhes recorde o grande projeto que tem para cada um de vocês.

Que esse Deus lhes sussurre seus sonhos, os impulsione a construir o Reino, os penhore com seu Amor para que vocês se amem melhor, para os tornar melhores amantes, que lhes desperte a solidariedade para com o mundo, para que tenham uma casa aberta, uma atitude austera e um compromisso de acordo com a revolução que o Evangelho de Cristo exige.

Segundo Carl Jung, a pessoa que tem uma forte crença religiosa sofre menos depressões e tem maior alegria de viver. Ainda segundo Jung, todas as pessoas com mais de 35 anos se preocupam com o sentido religioso da vida. O que acontece é que a entrega a Deus nos dá confiança e nos ajuda a relativizar as coisas e a responsabilizar-nos pela felicidade própria e alheia.

UM PROJETO DE VIDA

Para que a pessoa seja feliz, é necessário que seja mentalmente fiel a si mesma. Para a felicidade do casal, os dois devem ser mentalmente fiéis ao projeto a que se propuseram. Primeiro, deve dizer a si mesmo o que quer ser e, depois, agir de acordo com o que tiver que fazer. Ainda que nossa sociedade canonize apenas os que se conformam com ela, é preciso atrever-se a ser você mesmo, a viver a própria vida, que é única e passa depressa.

As metas dão um propósito e um significado a nossas vidas. Para viver plenamente e ser feliz, é necessário que nossa vida tenha um projeto, uma meta. Sem propósito, os dias terminam na desintegração. Muita gente perde a saúde ou morre pouco tempo depois de se aposentar, por perder o sentido da vida.

Com metas, sabemos aonde vamos; ao contrário, sem elas, tendemos a viver a vida de forma aborrecida. Em geral, sentimo-nos motivados por duas coisas: a dor e o prazer. As metas fazem com que nos centremos no prazer, enquanto a ausência delas faz com que a vida concentre-se em evitar a dor. As metas tornam mais suportáveis as situações dolorosas.

As metas e os sonhos na vida

Um dos segredos que nos permitem sobreviver nas piores épocas de nossa vida é o mesmo que serve para viver intensamente em tempos melhores: propor-se metas e ter sonhos.

Em 1953, realizou-se um estudo na universidade de Harvard sobre quantos estudantes tinham alguma meta na vida. Apenas 3% tinham uma certa idéia do que queriam fazer com suas vidas. Suas carreiras foram acompanhadas durante os 25 anos seguintes e descobriu-se que os que haviam expressado suas metas, aqueles 3%, tinham casamentos mais estáveis, melhor saúde e uma situação econômica melhor que os outros 97%. Evidentemente, suas vidas também eram muito mais felizes.

Todos nós sabemos que extraímos energia do alimento que ingerimos, mas também do entusiasmo de que dispomos para atingir nossas metas e cumprir nossos sonhos. Um dos motivos de maior infelicidade é carecer de projeto vital. Sem um plano concreto, não há nada que os faça levantar da cama ao amanhecer, pois carecem de metas que os inspirem, de sonhos, de utopias... Essas pessoas arrastam-se penosamente pela vida, sem direção alguma.

Toda pessoa coloca-se três grandes perguntas ao longo da vida: "Quem sou?", "Que faço neste mundo?" e "Quem é Deus para mim?".

Quando alguém quer ser protagonista da própria vida, tenta conhecer-se a si mesmo e fazer um bom trabalho de aceitação e valorização. Então vem a questão seguinte: "Para que estou neste mundo?". Trata-se de encontrar a própria missão, achar a meta da vida, saber para que, em que e com quem se quer passar a existência, formular os próprios sonhos e atrever-se a realizá-los.

Formular um projeto de vida

A vida não se improvisa, mas se programa. A pessoa que tenta viver uma vida com sentido e que tem sonhos claros necessita formular seu projeto pessoal de vida, que lhe sirva de meta, de incentivo, de estímulo para cuidar de sua coerência e ser ator e não espectador de sua existência. Se, além disso, essa pessoa respondeu a si mesma a pergunta sobre o lugar que Deus ocupa em sua vida e decidiu que se sente filho dele e irmão de todos os seres humanos, então passa a fazer parte desse projeto em comum de construir o Reino: esse mundo em que todos nos tratamos como irmãos, em relações de igualdade, proximidade e afeto, procurando a felicidade uns dos outros.

Só chega aquele que sabe aonde vai. Para formar um casal mais compacto, é necessário que cada um dos componentes tenha um projeto próprio, compartilhado em casal, contrastado com o do outro, o que os levará a criar seu próprio projeto em comum, a caminhar juntos para uma mesma meta, compartilhando o rumo e os sonhos.

Ter um projeto de vida pessoal é o melhor caminho para alcançar a felicidade. O empenho em cumpri-lo e em levá-lo adiante nos faz felizes. Isso nos permite agarrar a mão da felicidade, e que esta nos invada e cole por dentro com seu gosto alegre e prazeroso. É importante ter o projeto claro, centrá-lo e concretizá-lo. Se houver demasiada dispersão ou excesso de adiamentos, existirá o risco de perder-se no caminho e não chegar a ser concretizado.

Uma coisa é um casal que decide viver junto porque ambos se sentem muito atraídos e querem desfrutar, percorrer o mundo e ter cada vez mais comodidades, continuando juntos somente enquanto durar o interesse mútuo; outra coisa é um casal que tem como projeto desfrutar, cuidar do seu amor para que vá crescendo, lutar contra a monotonia, criar um lar aberto, onde se receba todos com simplicidade e se compartilhe tudo, ter filhos e formar uma família, aberta ao mundo e comprometida com seu melhoramento... A felicidade indica que encontramos a resposta para o problema da existência.

Preencher a vida de sentido

Cada casal necessita dedicar tempo a explicitar seu projeto, a tratar de cada um dos temas básicos que formam a vida do casal, como são o amor, o sexo, o lar, a família anterior, o dinheiro, o trabalho, o nível de vida, o lazer, o tempo pessoal e o tempo em comum, a resolução de conflitos, os medos que cada um tem... e mais um conjunto de coisas transcendentais que terá a ver com o dia-a-dia da vida.

É importante formar o projeto em comum sem que nenhum dos dois tenha que se desfazer de seus sonhos pessoais. Temos que estar na vida como o surfista: embora as ondas me marquem o caminho, não me indicam onde tenho que chegar; sou eu que escolho minha meta.

Muitos casais preferem seguir o caminho da vida como o condutor do metrô, sabendo exatamente para onde vão e como é a rota, perfeitamente traçada e marcada pelas vias. Outros casais escolhem

fazer seu próprio trajeto, cumprir seus próprios sonhos, inventar sua própria forma de viver juntos, ainda que tenham de fazer como o surfista e seguir ou não a onda de cada situação. No relacionamento, podem ajudar-se a não se afastarem de seus sonhos, a não se deixarem cair na vida rotineira da maioria dos mortais.

Recentemente, uma família próxima reuniu-se com seus três filhos para rever seu projeto de vida, pois os pais perceberam que estavam falhando no acolhimento das pessoas, já que dois de seus filhos estão em plena adolescência e suas relações com os adultos não são de todo encantadoras. A conclusão a que chegaram ou o propósito que definiram juntos foi desligar a televisão cada vez que alguém os visitasse, cada um largar o que estava fazendo para dar um pouco de atenção ao recém-chegado. Consta-me que fazem isso até hoje e são a família mais acolhedora que conheço: desde o momento que lhes telefonamos, somos atendidos de forma calorosa e agradável.

Todos sabem que faz parte do projeto dessa família o acolhimento, fazendo com que a pessoa que chegue à sua casa se sinta bem. De vez em quando, reúnem-se para se rever. A mim, surpreende-me quando a mais nova da casa diz a um de seus pais: "Deixe isso que temos visitas" ou "Vamos nos sentar um pouquinho com a Mari Patxi"…

Todos procuramos ser felizes, e aumentar a felicidade ocupa-nos toda a nossa vida. O que nos interessa, o que procuramos e queremos, o que nos ocupa…, tem como pano de fundo este desejo íntimo e profundo de sermos felizes.

Às vezes, confundimos felicidade com bem-estar ou alegria com harmonia e prazer. Eu posso ser feliz em uma festa de amigos ou chorar junto a quem amo em um momento doloroso. Pode-se ser muito feliz em meio ao sofrimento e pode-se ser muito infeliz rodeado de bem-estar.

NEM TUDO É COR-DE-ROSA

Cada crise pode ser usada para se afastar ou para crescer

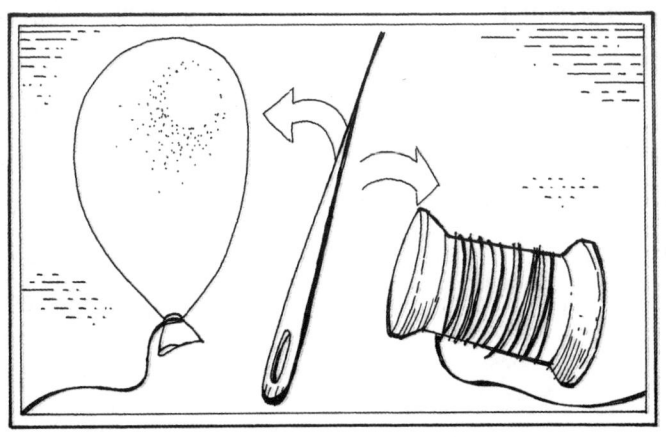

Embora o símbolo do amor seja o coração, a rosa vermelha, a poesia e mil detalhes ternos, todos vivenciamos que a vida em comum é muito difícil. Além disso, sabemos que não há apenas dias de sol e sucesso na vida, mas também dias nublados e de fracasso. Ninguém quer que lhe expliquem isso antes de experimentá-lo e todo mundo o sofre quando surgem os contratempos próprios da vida cotidiana.

Uma jovem contava-me quanto havia chorado em sua viagem de lua-de-mel ao ver que seu nível de comunicação com seu parceiro havia mudado totalmente a partir do momento em que se sabiam juntos para sempre. Ele havia intensificado sua comunicação não-verbal, estava encantado com essa maneira sexual de manifestar seu amor e não precisava pronunciar uma única palavra, tanto que passaram toda a viagem de lua-de-mel em silêncio.

Quando ela iniciava uma conversa um pouco profunda ou tentava comunicar seus sentimentos, ele apenas a lembrava de que estavam bem juntos, que se sentia satisfeito e que ambos eram afortunados, tão perfeitamente ajustados. Ela, entretanto, sentia solidão e desejo de expressar situações que lhe eram novas e um tanto difíceis; mas ele, com suas carícias físicas, impedia toda palavra e pedia que não lhe estragasse esse momento tão sagrado... Assim, voltaram à vida diária, ele inebriado e ela desencantada, mas distantes um do outro, a uma distância infinita, pois não sabiam o que o outro estava sentindo.

"A criança ferida"

Aqui a falha era de ambos, pois cada um tinha que ter pedido o que precisava e tê-lo defendido. Às vezes, compactuamos com a harmonia a qualquer preço e, neste caso, ela teve que pagar com o desencanto mais absoluto e o enfado total em sua viagem de lua-de-mel. Podiam tê-lo resolvido com uma boa conversa, contando um ao outro o que se passava em seu interior, mesmo que baixasse um pouco a libido dele ou a ilusão desenfreada de sua liberdade sexual recém-estreada...

Dizem que, na vida em casal, a criança ferida que todos temos dentro de nós desperta. Por isso, ainda que sejamos muito sãos em outras relações, na vida em comum nos pegamos pela menor coisa, surge-nos uma emoção descontrolada que nos altera o ânimo ou nos estraga uma noite. Seria conveniente buscar as raízes desses sentimentos e reações que surpreendem até a nós mesmos.

Posso fazer um escândalo porque o outro jogou fora um recorte de jornal que eu tinha guardado, quebrando a harmonia de um momento importante. Minha reação pode ser exagerada, até irracional. Talvez o seja, porque essas atitudes provêm, na realidade, dos primeiros anos de vida, das condutas que aprendemos para nos defendermos das feridas sofridas na infância. A isso os especialistas chamam de "a criança ferida", que é o que nos faz agir assim. Carregamos as dores que não pudemos expressar em nossa infância como se fosse uma mochila e elas se manifestam em nossas reações antes que nos

apercebamos: antes mesmo de pensar já nos encontramos instalados em uma época anterior. Essas reações são a fonte da maioria dos problemas nas relações íntimas.

Curar essa criança ferida

Infelizmente, quando casamos, os aborrecimentos e dores não resolvidos do passado são plasmados no presente com o outro por meio de nossas reações. Isso não acontece no início do noivado, mas quando a relação já se está estabilizando, à medida que vamos nos sentindo unidos um ao outro. Essa criança ferida que temos em nosso interior é como um buraco negro que absorve tudo; é como uma dor de dente que, ao aparecer, não nos deixa pensar em mais nada, porque a dor domina nossa vida.

Em muitas separações, o problema não reside na relação, mas em assuntos não resolvidos do passado, seja de um dos dois ou mesmo de ambos. Minha reação gera sua reação, e assim vamos nos potencializando negativamente.

Quando carregamos nossas crianças feridas, temos a sensação de nunca estar no presente, porque sempre reagimos por coisas que se passaram conosco há muitos anos. Isso impossibilita a relação pessoal com o outro. Enquanto não me ocupar dessa criança ferida, ela continuará influenciando e piorando minhas relações íntimas. Só quem pode escutá-la e curá-la somos nós mesmos. Também precisamos de alguém que nos permita trazê-la à tona, deixá-la expressar sua dor

ou seu medo. Essa é a única forma de curá-la, podendo assim voltar ao presente.

São muitos os detalhes que tornam a vida em comum difícil. Os gostos são diferentes e por isso, às vezes, parece que se está contrariado. É preciso aprender a pensar de outra forma e continuar sendo igualmente amigos. Pensar distintamente não nos faz opositores, mas diferentes e complementares.

Claro que se você tiver vontade de pôr um tapete de veludo em sua sala em estilo moderno, isso talvez os leve a uma briga, mas terão de chegar a um acordo tendo em conta a expectativa e o interesse de cada um em manter um estilo estético e, ao mesmo tempo, escolhido por ambos. Esse tema, que parece uma bobagem, costuma ser fonte de grandes discussões no início da vida a dois, pois cada um tem um gosto diferente e, sem querer, vem marcado pelos gostos estéticos de sua casa anterior. Surgem algumas situações que produzem grande rejeição em um dos dois.

A colcha da vovó

Imagine que um dos dois goste da colcha de seda de sua avó, que tem um grande valor histórico, artístico e afetivo. O outro acha que não combina com o estilo moderno da casa e que lhe fica tão bem "quanto duas pistolas a um santo". É possível que já tenham falado desse tema, por piada, na lua-de-mel; mas, quando chega o momento de pôr a famosa colcha na cama em comum, acontece o caos. Ela

sente ternura por sua avó e parece que cada vez que põe a colcha em sua cama é como se lhe fizesse uma homenagem... Ele, no entanto, pode sentir-se deitado na cama de um castelo abandonado e até lhe dá arrepios tocar o tecido "reluzente" da colcha da vovó. Qual poderia ser a solução, nesse caso insolúvel?

- Que um ceda e se sinta sempre frustrado, por não pôr a sua colcha maravilhosa, por culpa do autoritário do seu companheiro? Ficará sempre com um ressentimento, que emergirá com o correr dos anos. Quando abrir o armário e vir a famosa colcha, sentirá saudade da avó, ficando agressiva com seu santo companheiro de vida.

- Que o outro ceda e deixe que se ponha a colcha de estilo isabelino junto aos móveis modernos, para que ela não fique frustrada? É possível que, cada vez que fizer a cama, resmungue por dentro contra a autora da obra de arte. Também pode sentir-se incomodado por ter no quarto esse detalhe que ele considera antiestético e que estraga a harmonia decorativa do quarto.

Falar, falar, falar

Como tudo isso pode acontecer, e acontecerá, com outros elementos domésticos, a única solução é falar, falar e falar tudo. Explicar ao outro quais são seus desejos, suas necessidades e suas emoções. Porque o mal do caso não é o que acontece ao pôr a colcha, mas o que sentimos por dentro quando isso acontece.

É com isso que temos que contar para irmos nos entendendo cada dia melhor, para nos sentirmos mais próximos, para sermos mais casal.

Todas essas coisas minúsculas nos fazem sofrer. Mas é bom lembrar que o sofrimento, na realidade, não está senão dentro de cada um. A realidade não dá problemas. Estes nascem da nossa mente, pela resistência que temos em aceitar que as coisas sejam de maneira diferente da que tínhamos programado.

O certo é que nossa mente nos prega peças. Às vezes, transformamos em problemas coisas muito, mas muito pequenas.

Ser livre por dentro

A liberdade interior consiste em conseguir que bem poucas coisas nos preocupem ou representem um problema para nós. Às vezes, estamos demasiado presos a nossos gostos, a nossos desejos e até à vontade de agradar a todo mundo. Para conseguir essa liberdade interior, seria preciso estar disposto a escutar tudo do outro, para lá dos rótulos, com receptividade total. A liberdade interior é alcançada quando se está muito atento para reconhecer que o sofrimento e os sentimentos negativos são fabricados por cada um de nós.

Estou pensando no casamento de grandes amigos nossos, que só sofrem. Dão todas as suas coisas a todo mundo, os filhos fazem o contrário do que esperavam que fizessem, a vida os vai surpreendendo com as mesmas dificuldades dos outros, mas eles sabem se sair bem porque a base do sofrimento é o apego, o desejo. E quando se deseja algo

compulsivamente e se coloca todos os anseios de felicidade nisso, você se expõe à desilusão de não o conseguir. Além disso, vive com medo de não chegar a tê-lo ou de perdê-lo, uma vez conseguido. Esses amigos deixam a vida fluir, não criticam a forma dos outros fazerem, mas se surpreendem, quase sempre gratamente, com o que lhes sucede e, como não têm anseios nem desejos estranhos, estão livres para desfrutar do que a vida lhes traz sem mais.

Lembrem-se de que os desejos nos tornam sempre mais vulneráveis. Assim, seria bom que vocês se trabalhassem para não ter expectativas demais com relação ao outro, a seu lar e às pequenas experiências que vocês vivem. O maior sinal de liberdade interior seria dizer ao outro: vejo-o como você é e não como eu gostaria que você fosse. Assim, quero você já, sem medo de que mude e vá se tornando mais você.

Mas como este capítulo se refere à idéia de que nem tudo é cor-de-rosa, não se pode perder de vista as crises que aparecerão na vida em comum. Cada dificuldade ou cada crise poderá ser utilizada para se afastar ou para crescer. Se levarmos em conta que nós, humanos, somos seres em constante evolução e a família é formada por dois de nós, no princípio, e depois pelos filhos que vão aumentando-a, cada mudança produzirá uma crise.

O sucesso de um casal não está em não os ter, mas sim em como se sair bem dos conflitos. É preciso meter-se na batalha da vida, mas com o coração em paz. Essa é a única maneira de crescer com cada crise e de amadurecer com cada dificuldade.

RESOLUÇÃO DE CONFLITOS

Nem sempre um é responsável pelos problemas do outro, mas sempre pode ajudar a resolvê-los

Ser humano significa experimentar conflitos, e sem eles não há mudança pessoal nem progresso social. O conflito é inevitável, mas cada pessoa tem uma capacidade de tolerância diante das dificuldades. Não há casal sem conflitos; inclusive, são os problemas que tornam atraente estar com o outro. As diferenças pelas quais escolhemos o outro são justamente as que geram os conflitos.

Na família de cada um, aprendem-se modos saudáveis ou inadequados de enfrentar os conflitos. Talvez o exemplo dos pais tenha servido de modelo na resolução dos conflitos. Também a personalidade de cada um influi, a segurança que sentem em si mesmos, as experiências negativas ou positivas precedentes, os condicionamentos ambientais e culturais, os modos pelos quais lidam com os próprios sentimentos, incluindo a agressividade.

No geral, o conflito produz ansiedade, preocupação, insegurança, medo, amargura, tristeza, raiva, ressentimento, abatimento, culpa... e até doenças físicas ou enfermidades. Além disso, cria barreiras e divisões, gera preconceitos, provoca vencedores e vencidos. Também há pessoas que preferem ignorá-lo para não se verem envolvidos nele. Há quem o utilize como instrumento de controle ou de manipulação dos outros.

Atitudes diante do conflito

Cada um toma uma atitude diante do conflito. Há quem se feche e se bloqueie psicologicamente em um silêncio hermético. Outros

fogem, desconfiam, tornam-se agressivos, desanimam, rejeitam-no, isolam-se, resignam-se ou enfrentam-no. É importante que vocês parem para analisar como reagem diante das dificuldades e dos problemas da vida, que atitude cada um toma após um conflito, de modo que se preparem juntos para que, da próxima vez, saiam-se bem dele o mais rápido possível e, sobretudo, o vivam como oportunidade, utilizando-o para crescer em sua relação.

A dificuldade também pode trazer uma série de benefícios, já que não há intimidade pessoal sem conflito, pois amor e conflito são inseparáveis. O conflito é uma oportunidade de crescimento pessoal e do casal, promove a criatividade e previne o estancamento; é uma ocasião para vocês se aprofundarem em sua autêntica verdade e, além disso, faz com que surjam os valores, os condicionamentos e as necessidades dos dois.

Devem se prevenir, rever e solucionar os conflitos. Deve haver uma comunicação aberta entre os dois, de modo que nunca se cansem de falar dos conflitos, pois, a longo prazo, será sempre benéfico relativizar alguns problemas e enfrentar os que realmente precisam ser resolvidos, negociando-os juntos.

Efeitos do conflito

Há conflitos que geram ruptura e outros que, ao contrário, favorecem o amadurecimento e o crescimento do casal. É preciso ser valente para os enfrentar e não os esconder ou ignorá-los. Seria bom

procurar o momento mais adequado e não falar deles quando se está de cabeça quente, agressivo ou irritado. Procurem serenar para buscar um desenlace construtivo para as diferenças e tensões.

É importante a forma como um ajuda o outro a resolver os problemas e a corrigir os erros. Para criticar não é necessário ter talento, nem inteligência, nem caráter...; o que falta é ter habilidade para ajudar com muito carinho e respeito. Quando alguém se mostra brusco e hostil, quando diz coisas cruéis e desagradáveis, é sempre um reflexo de seu espírito alterado.

Também seria muito positivo analisar suas formas habituais de resolver os conflitos e ver juntos o que os ajuda a se sair bem das situações, ou que forma concreta de comunicação os afasta e os mantém em posições de confronto, em vez de lhes favorecer o diálogo, o pacto e a busca de soluções adequadas para os dois.

É necessário falar dos conflitos, dar-lhes nome, tirar conclusões e comentar aquilo que mais inquieta cada um nas situações difíceis. Lembrem-se também daqueles problemas que favoreceram seu crescimento pessoal, de casal ou familiar, com o fim de repetir os comportamentos que os construam, que os façam crescer juntos.

Um conflito bem resolvido deixa os dois com uma profunda sensação de cumplicidade e proximidade, pois é quando cada um reabsorve as dúvidas e fraquezas do outro e o fortalece com a compreensão recíproca.

Passos para resolver um conflito

Deve-se partir da base de que os dois têm direitos que merecem ser respeitados. "Deixem de exigir como um direito o que podem pedir como um favor." Isso evitará tensões e conflitos.

Para isso, servem os seguintes passos:

- Primeiro passo: *Definir o problema*. Por exemplo, eu quero abrir a janela. Você prefere que ela continue fechada. É importante que cada um explique suas necessidades ou sentimentos. Não se trata de um ou outro ganhar. Se eu disser que me falta o ar e você me disser que quer a janela fechada porque está resfriado, teremos chegado a um momento de pactuar.

- Segundo passo: *Procurar todo tipo de solução entre os dois*. Não dizer não ao que o outro diz. Procurar mais o acordo do que a discussão. No exemplo anterior, poderíamos abrir a janela do corredor, mudar de lugar, ir para a sala, abrigar-se etc.

- Terceiro passo: *Procurar juntos a melhor solução para ambos*, de modo que os dois cedam em algo sem renunciar ao essencial, satisfazendo suas necessidades ao máximo com relação à causa do conflito.

- Quarto passo: *Planejar o que deve ser feito, como e quando*.

- Quinto passo: *Aplicar a solução*.

- Sexto passo: *Rever a solução tomada* e comentar como funcionou entre os dois a solução aceita, de forma que a porta fique aberta para resolver o próximo conflito.

Depois de resolver o problema, o melhor que podem fazer é esquecê-lo. É saudável para a relação do casal ter a segurança de que tudo o que aconteceu 24 horas antes já pertença ao passado, que está esquecido e que é melhor para os dois solucionar as dificuldades quanto antes. Se o fizerem antes do dia acabar, para nunca se deitarem aborrecidos, então serão mais inteligentes emocionalmente e funcionarão a favor do seu amor.

A ARTE DE MANTER
A EXPECTATIVA

A felicidade não se encontra, cria-se

Um dia, um taxista encantador, enquanto me levava para um bate-papo sobre família, cantarolava uma canção e foi comentando durante a viagem o seu amor pela música, a liberdade que o táxi lhe proporcionava para poder tocar piano, escrever poesia etc. Surpreendida, perguntei-lhe o estado civil de um homem tão interessante e respondeu-me que era "um malcasado, como a maioria". Depois, explicou-me como sua noiva se sentia encantada por ele ter alma de artista; ela adorava sua música e sua poesia.

Hoje, com o passar dos anos, já farta dele, queixa-se do barulho que ele faz ao piano, diz que ele canta demais e que seus versos são um pouco cafonas. Ele, resignado, comentou que tudo aquilo era o lógico, o que sempre acontece após tantos anos de convivência, que se perde a expectativa e que o que antes encantava no outro logo começa a aborrecer.

Mesmo assim, vivem juntos por conveniência, pois já não é o caso de romper, dar desgosto aos filhos, separar-se, criar um conflito econômico. Vivem (segundo ele afirmava de vez em quando) como a maioria, em um pacto de aborrecimento compartilhado, sem se incomodarem demais e tentando levar a vida o melhor possível, cada um por sua conta.

Durante os vinte escassos minutos que durou nossa viagem, falamos ainda de um monte de coisas interessantes. Mas impressionou-me muitíssimo a sua resignação, fazendo-me refletir sobre a quantidade de casais aborrecidos que conheço, que nem sequer se

zangam, mas que vivem uma vida insípida, sem expectativa, sem surpresa, sem interesse um pelo outro. Eu, naturalmente, convidei-o para meu bate-papo, que tinha muito a ver com esse assunto, e entreguei-lhe fotocópias sobre a arte de fazer família. Eu não podia aceitar sua resignação com a mediocridade matrimonial. É algo que me deixa indignada, porque sei que é uma postura freqüente demais, socialmente aceita, considerando-se até natural o desgaste da expectativa no processo da vida conjugal.

Alimentar a expectativa

Creio que o sonho é algo que precisa ser alimentado para evitar que a vida em comum se converta em rotina. No princípio, todas as coisas novas nos causam expectativa, mas depois, pouco a pouco, vamos nos habituando... e o que hoje parece uma maravilha, amanhã, pelo hábito, parece-nos simplesmente normal. E assim deixo de me surpreender, até de me dar conta de seu valor e do que me traz.

Às vezes, os adultos são como as crianças. Você lhes dá um brinquedo, elas o pegam com expectativa e, no momento em que vêem outro, largam o primeiro e querem conseguir, a todo custo, o novo. Perdem todo interesse pelo que lhes entretinha e já querem outro diferente. Isso também nos acontece com relação à vida. Às vezes, a vida nos escapa como se fosse uma bala, que não lembramos se era de morango ou de menta.

Dizem que a vida é algo que passa enquanto nós estamos ocupados fazendo outras coisas. Pode nos acontecer o mesmo na relação a dois. Iludimo-nos com a outra pessoa, queremos tê-la para sempre, projetamos a vida em comum e, quando já a estamos vivendo, andamos distraídos, sem a saborear, sem expectativa.

A vida nos escapa e é preciso aproveitá-la ao máximo. O momento que vocês estão vivendo é único e é preciso cuidar dele, usufruí-lo e melhorá-lo. Desfrutem do amor e de tudo o que surge entre vocês; ponham novidade na relação, vivam como os reis de sua história e não deixem que a insatisfação se instale.

Desfrutem um do outro, surpreendam-se mutuamente, exercitem os prazeres do tato, da audição, do paladar, da visão e do olfato. Há um grande mundo por ser descoberto, a partir dos nossos sentidos atrofiados. Assim, vocês vão se dar conta de que não lhes faltam muitas coisas mais para serem felizes do que as que já têm. Sintam-se livres, autônomos, seguros de si, embora reconhecendo suas limitações pessoais. Dêem-se permissão para serem medíocres em algumas coisas e fantásticos em outras. Vivam com poucos desejos, pois são eles que nos escravizam.

Olhar com olhos novos

Observem-se mutuamente. A pessoa está sempre em evolução, em movimento, mostrando distintas e infinitas facetas. Parem para escutar o outro, mas com a mente vazia de recordações e conceitos

prefixados, sem o rotular, sem achar que você sabe tudo sobre ele ou ela. Desse modo, ficarão surpresos a cada instante com facetas desconhecidas, sempre novas e imprevisíveis.

Os preconceitos matam o sonho. O achar que já sabe tudo sobre o outro, que sabe como ele vai reagir diante de cada situação, que é sempre igual a si mesmo, faz com que você não ponha nada de interesse em sua pessoa, sua conversa, seu corpo ou sua vida. Se fizessem o mesmo com você, matariam sua capacidade de estar vivo, pois estariam tratando-o como uma coisa que não muda, não se move, não pensa e nunca varia.

Experimente se ver com novos olhos, depois o outro, depois as pessoas mais próximas; faça o mesmo com a natureza e cada coisa ou situação. Você sentirá que está vivo. Dê um passeio por sua casa com novos olhos, observando tudo como se o visse pela primeira vez, deixando-se surpreender. A expectativa brotará de seu coração e você notará que sente, que lhe agradam as coisas e muito, muitíssimo mais as pessoas, se é que você se permite sentir com total intensidade o que brota de si para o outro.

Romper com a rotina diária

Às vezes é preciso fazer uma mudança no cotidiano para o tornar estimulante. Vocês podem mudar sua rotina diária. Se normalmente vão separados para o trabalho, tentem reservar tempo para saírem juntos um pouco. Façam uma viagem a algum lugar com o qual

vocês sonhem. Mudem de papéis ou de responsabilidades durante uma semana. Tentem qualquer coisa. Não há limites para inventar a dinâmica de sua relação e injetar vitalidade em sua união.

A expectativa é um estado mental positivo, que produz energia e contentamento. Quando temos expectativa em nossa relação, temos mais capacidade para desfrutar do habitual, de resistir às inevitáveis perdas da vida e tolerar os problemas cotidianos. A felicidade autêntica não vem de ter saúde, dinheiro ou amor, mas da capacidade de viver com expectativa. Apesar de tudo, pode-se escolher entre viver a vida olhando para o horizonte, ou viver somente olhando para o buraco. Escolham o que os faz mais felizes.

Desenvolver as forças de cada um

É necessário compreender e desenvolver as forças de cada um para tentar viver juntos uma vida com sentido; ou seja, pôr todas as capacidades de ambos a serviço da relação, mantendo-se assim com expectativa. Lembrem-se de que seu amor precisa de constantes transfusões de energia fresca, estimulante e nova, de atos espontâneos, de risadas conjuntas, de tentativas de reinventar a vida em comum, embarcando em novos caminhos, com certas doses de alegria, animação, criatividade e surpresa.

Além disso, terão que estar abertos às mudanças que vão surgindo. Será necessário se recompor das situações difíceis e recorrer ao apoio de pessoas próximas, quando surgirem dificuldades que não

consigam superar a dois. Não percam de vista os amigos verdadeiros, que são os que, falando de suas dificuldades, vão ajudá-los a sair flutuando nos maus momentos e a se recuperar do desalento e dos pedaços de desilusão.

Outra coisa que mantém o casal, e que vocês conhecem muito bem, porque vivem isso, é ter um compromisso com alguma atividade que faça bem aos outros, pois além de os tirar de seu pequeno mundo, os enriquece e os faz sentir válidos. Em sua vida conjugal, haverá momentos em que se apagará a luz de um, mas o outro voltará a acender-lhe a chama e reanimará o fogo do amor, para que a agitação da vida diária e da rotina não diminua a vitalidade da relação.

Viver cada momento

Lembro-lhes deste conto precioso de Jorge Bucay, que usamos como recordação da vovó Pili:

> Havia um nômade que viajava de cidade em cidade. Um dia, chegando em um novo lugar, ficou extasiado ao encontrar um jardim maravilhoso e bem cuidado.
>
> Surpreendeu-o que, junto a cada canteiro de flores, houvesse uma pedra talhada com iniciais e duas datas. "Será um cemitério?", pensou. Mas um cemitério em que parecia haver túmulos de crianças, pelo pouco tempo vivido: dois anos e uns meses, pouco menos de um ano, quase cinco anos e oito anos no máximo...

Que terrível maldição ou doença teria esse povo para ter matado tantas crianças?

Ao longe, viu o jardineiro, respeitoso, chorando. Afinal, atreveu-se a perguntar o que tanto o afligia ou se estava diante do túmulo de algum familiar.

Depois de escutar suas conclusões sobre aquele lugar, o jardineiro explicou-lhe que aquilo não era um cemitério, mas uma homenagem à expectativa; que, no povoado, havia o costume de os jovens, ao atingirem uma meta, anotarem a data em que a tinham conseguido (para uns era contruir uma carreira, ter um filho, fazer uma longa viagem, encontrar um companheiro, tirar a carteira de habilitação, arranjar um emprego…). Anotavam também a data em que a expectativa se desvanecia. E assim faziam com todas as expectativas da vida. Ao morrer, talhava-se em pedra suas iniciais, refletindo o tempo total que haviam estado em expectativa, e era esse o tempo que figurava no jardim, o que realmente tinham vivido.

Relembrando o taxista "malcasado" de que falaei anteriormente, pergunto-me, se ele tivesse anotado a data em que criou a expectativa com sua noiva e aquela em que terminou, quanto tempo teriam vivido como casal? Não seria mau se todos nós contabilizássemos o tempo que as nossas expectativas duram e, sobretudo, que esta reflexão nos servisse para acionar nossa capacidade de ter expectativa e de nos manter vivos.

Muitas pessoas escolhem viver fazendo um registro negativo de tudo o que lhes acontece ou recordando sempre aquilo que não foram, a saúde que perderam, a juventude que não aproveitaram e

as oportunidades que desperdiçaram. É bom recorrer ao otimismo inteligente, saber que conforme pensamos assim sentimos e, conseqüentemente, agimos; ou seja, que é necessário fazer uma limpeza de pensamentos limitadores, para viver positivamente e em expectativa com o que nos acontece. Lembrem-se de que em todo casamento que durou mais do que uma semana já existem motivos para o divórcio. A inteligência emocional do casal consiste em saber procurar motivos para estar juntos.

Há que se determinar: não dar importância demais às preocupações da vida e viver cada momento e cada dia sem tentar viver toda a vida de uma vez. Essa atitude positiva melhora nossa qualidade de vida e a saúde do corpo. Os pensamentos negativos nos fazem perder energia, são venenos mentais e físicos que facilitam com que a cólera, a ira, ou a pena nos invadam, impedindo o bom funcionamento do organismo. Foi demonstrado que as pessoas com atitude mental positiva emanam ondas intensas e sãs, enquanto as ondas das pessoas negativas são descontínuas e pouco luminosas, além de roubar energia de quem está ao redor.

Manter viva a chama da expectativa

Para manter viva a chama da expectativa no casal, é preciso encher a mente de idéias e planos positivos, assim não terá tempo nem vontade de se preocupar nem de desanimar. Também é importante limpar a memória de rancores que produzem ansiedade e desassossego.

Quanto mais cedo um perdoar o outro, melhor ficarão interiormente. Saber perdoar e esquecer o que o outro lhe fez é a maior demonstração de amor a ele e até a si mesmo, pois o deixa livre de ansiedade, ressentimento, dor e sofrimento desnecessários.

Quando alguém acredita em si mesmo, enche sua vida de sentido; quando acredita no outro, dinamiza-o; quando acredita na vida dos dois, tem uma expectativa pela qual lutar e descobrir sempre como alcançar esse sentido. Também é importante procurar atividades concretas que nos animem, como sorrir, fazer amor, bater papo com os amigos, brincar, falar bem dos outros, interessar-se pelas pessoas, não se queixar, rezar, mergulhar no momento presente, fazer algo pelos outros, frear as autocompaixões, perdoar... e uma série de ações das quais poderiam fazer uma lista juntos.

Viver a história do casal com expectativa é um dos grandes dons desta vida e está ao alcance de quase todos, porque a felicidade não se encontra, cria-se! Qualquer que seja nossa circunstância, temos dentro de nós o poder e a capacidade de criar uma história conjugal feliz, já que não são as pessoas nem as coisas que nos fazem felizes, nós mesmos escolhemos sê-lo.

VOCÊS SERÃO TÃO FELIZES
QUANTO SE PROPUSEREM A SER

Muitos casais vivem atentos ao que não têm, em vez de desfrutar do que têm

Há uma teoria que diz que a pessoa é tão feliz quanto se propôs previamente a sê-lo. Por isso, um casal pode viver toda a expectativa a que se propôs. Se tudo aquilo em que acreditarmos sinceramente vir a se tornar verdade, é muito importante escolher bem aquilo em que se quer acreditar.

Apenas uma pessoa em cada cinqüenta se considera feliz ou satisfeita. Nem sequer uma em cada dez é capaz de recordar um momento de sua vida em que foi totalmente feliz. Bem poucos casais falam de sua vida em comum com satisfação. Quase todos sentem que em sua vida lhes falta algo. Poucos casais se atrevem a dizer que são completamente felizes.

A maioria das pessoas vive sua vida pessoal e familiar em uma tranqüila monotonia: um dia após o outro, em um círculo vicioso de frustrações e estresse, com uma sensação de peso.

Qualquer dia uma desgraça, uma doença ou uma crise os leva a se questionar onde perderam aqueles sonhos juvenis, aquela expectativa, paixão e alegria de viverem juntos. Perguntam-se quando sua vida em comum começou a converter-se em uma rotina aborrecida. No fundo, estão seguros de que na vida deve haver algo mais que tudo isso.

Nossa opinião sobre as circunstâncias

Parece-nos que são as circunstâncias que nos tornam infelizes, que as coisas que nos acontecem são as que nos fazem ser felizes ou

infelizes. A realidade é que se a felicidade depende apenas das circunstâncias, como pode alguém experimentar as mesmas tragédias que nós e reagir de um modo totalmente diferente?

Dois casais perderam seus filhos no mesmo acidente. Desde então, um vive afundado na depressão e sua relação se desfez, enquanto o outro se uniu mais com essa dor tão forte. Este último colabora com um grupo de apoio a pessoas que perderam algum ente querido, o que fortaleceu ainda mais sua relação. Os dois casais reagiram de forma oposta.

Não são as circunstâncias que nos fazem felizes ou infelizes, é nossa opinião sobre elas que condiciona nosso estado de ânimo, depende de pôr ou não expectativa na vida. Há quem aprendeu a viver esperando sempre o pior, pois assim nunca se sente desiludido. Essa idéia tão freqüente é totalmente falsa, porque destrói todos os nossos sonhos e nos impede de experimentar a felicidade e a expectativa.

Um exemplo disso é que, se você se puser neste momento a contar quantos objetos amarelos há em seu quarto, encontrará um grande número deles. Se, a seguir, com os olhos fechados, você quiser se lembrar de quantos objetos azuis há, recordará apenas alguns e, ao abrir os olhos, descobrirá que também há muitas coisas de cor azul. A atitude de busca das coisas amarelas o ajuda a descobri-las, mas sem perceber as de cor azul.

O mesmo acontece na vida do casal. Quando se espera o pior do outro e das situações, você o encontra, e essa atitude o impede de ver o belo e o bonito com que seu companheiro o possa surpreender.

Desfrutem do que têm

Muitos casais vivem atentos ao que não têm em vez de desfrutar de tudo o que têm. Suas vidas passam em um contínuo estado de insatisfação e infelicidade. Outras pessoas, até com uma vida muito modesta, são muito felizes, pois concentram sua mente no que têm.

Quem saltará da cama com mais alegria, o que espera o pior de tudo ou o que confia que vai ter um dia fantástico? Quem regressará ao lar com mais expectativa, o que não espera de seu companheiro mais do que viver mais um dia insípido, como todos os outros, ou o que estabelece que vai desfrutar de uma noite amorosa, saborear o jantar e o encontro com os seus? Suas vidas são preciosas, demasiado preciosas para as desperdiçar sendo infelizes.

Durante todo o dia, colocamo-nos perguntas sobre o que vemos, ouvimos, lemos, percebemos... Desde que nos levantamos até nos deitarmos, nosso subconsciente está fazendo perguntas. Em conseqüência, se me sentir infeliz ou deprimido, significa que estou me fazendo perguntas equivocadas.

Pergunto-me: "O que não funciona na vida?", em vez de: "O que funciona melhor?".

A diferença entre um casal que vive uma vida mágica e outro que vive uma vida rotineira não está em suas circunstâncias, mas em suas atitudes. A atitude é o pincel com que a mente pinta nossa vida. E somos nós quem escolhemos as cores.

O SENTIDO DO HUMOR

Rir juntos é um dos sintomas mais significativos da felicidade, da vida de um casal. Saber rir dos problemas é a forma mais inteligente de resolvê-los eficazmente e vencer as situações estressantes que nos fazem infelizes. Muitas vezes, perdemos a perspectiva das circunstâncias e isso nos faz sentir desgraçados.

Saber rir de si mesmo, do próprio dramatismo, das incongruências da vida, das mil contradições, de seu empenho em ter razão, de suas próprias precipitações ou energias gastas na última briga, é a melhor forma de se sair bem das dificuldades da vida. Há que se dar permissão para pertencer à raça humana, ou seja, para ser imperfeito, incoerente e contraditório, mil e uma vezes, e comprovar que não há problema algum nisso. E se, além disso, os outros nos apanharem em falta, isso tampouco é um problema. Apenas prova que somos humanos. Os que se levam a sério demais, não se permitindo a mínima falha, vivem com uma tensão que os torna amargurados e ressentidos consigo mesmos e com a humanidade.

O riso, sinal de felicidade

O riso é produto de nossa felicidade, mas também é algo que produz uma sensação de bem-estar. O processo do riso e do sorriso libera certas substâncias no cérebro que criam uma espécie de euforia. O riso reduz o nível dos hormônios do estresse (adrenalina e cortisona) no nosso sangue e, em conseqüência disso, sentimo-nos menos ansiosos e menos preocupados.

Também já foi demonstrado que o riso aumenta nosso poder de concentração e a capacidade de resolver problemas.

Pesquisadores da Universidade de Maryland realizaram uma experiência com dois grupos de pessoas, dando-lhes tarefas semelhantes com a mesma solução. A única diferença entre os grupos era que a um deles se mostrou antes um vídeo educativo de trinta minutos, enquanto ao outro grupo se mostrou um programa humorístico com o mesmo tempo de duração. Por incrível que pareça, os que tinham visto o programa de humor resolveram os problemas três vezes mais rápido que os do outro grupo.

O riso é uma das maiores alegrias da vida e um dos momentos mais felizes para se compartilhar. Eleva nosso espírito, põe-nos de bom humor e nos ilumina o coração. Quando os dois compartilham o dom do riso, estão celebrando o milagre e a felicidade de estarem vivos. Quando os dois acham graça nas mesmas coisas, significa que suas crianças interiores estão sintonizadas.

Aproveitem qualquer ocasião para dar um toque de humor à sua vida cotidiana, porque o humor ameniza o drama, ajudando a relativizar a realidade. Qualquer situação que hoje nos parece angustiante, dentro de alguns anos pode ser uma piada. Então, se antes ou depois vou rir dos problemas, melhor será que encontre algo de que rir, assim o assunto vai me aborrecer menos.

Esta seria uma espécie de fórmula antiestresse de dois passos:

- Não se preocupem com coisas pequenas.

- Lembrem-se de que a maioria das coisas que nos acontecem são coisas pequenas.

Ter senso de humor

O humor é um grande médico. Repercute favoravelmente no organismo e traz saúde e bem-estar. Descarrega tensões, relaxa os músculos, liberta o estresse pessoal e ambiental, melhora o sistema cardiovascular e dá energia à pessoa. "A arte da medicina consiste em entreter o paciente, enquanto a natureza cura a doença", já disse Voltaire.

Seria bom recordar também o poema atribuído a Borges:

Se eu pudesse viver novamente minha vida,
na próxima, tentaria cometer mais erros.
Não tentaria ser tão perfeito, relaxaria mais.
Na verdade, bem poucas coisas levaria a sério.
Seria muito mais alegre do que fui.
Seria mais espontâneo.
Correria mais riscos...

Apenas as pessoas sensíveis são bem-humoradas, porque o humor é a calorosa e terna simpatia por todos os seres humanos. Não há amor sem humor, nem humor sem amor. Para ter senso de humor

é preciso sensibilidade e atenção para estar em contato consigo mesmo, conhecer-se e conhecer os outros. O humor traz lucidez, potencializa a capacidade de saborear o presente e rir do passado e do futuro.

O humor é saber surpreender-se com o cotidiano, com o conhecido e o novo. É uma atitude contemplativa diante do mundo. O humor é um salva-vidas que nos ajuda a flutuar no rio da vida. A forma menos suicida de dizer as coisas desagradáveis é com humor.

O humor não brota do infantilismo, pelo contrário, surge da maturidade, da coerência interna e da estabilidade emocional. Com senso de humor, rimos da razão, denunciamos todo papo-furado que nos dá tanta segurança e, por outro lado, não perdemos nenhum detalhe – até mesmo o mais insignificante e carente de valor é revalorizado e dignificado.

Rir de si mesmo

Rir de si mesmo, aceitar-se e amar-se para voltar a rir de si e dos outros com ternura, esse seria o processo vital mais saudável. O sorriso é a linha curva que endireita tudo.

A pessoa com senso de humor tem uma forma especial de pensar e sentir o mundo, que beneficia ela e os outros. Se "o dia mais perdido é aquele em que não rimos", deveríamos reparar que todos nós andamos sérios pelo mundo e que rimos em raros momentos do dia. "As coisas correm melhor às pessoas que tiram melhor partido de como as coisas lhes correm."

O riso é uma forma de descarga de nossos estímulos emocionais produzidos pelos medos. Facilita as relações de igualdade, pois nos torna mais próximos, mais simples, menos envergonhados e mais humildes. "Ninguém que ria de si mesmo pode parecer ridículo", afirmou Sêneca.

Achar-se mais do que realmente se é, dar-se mais importância do que a que se tem, são sinais inequívocos de que a pessoa procura estar acima dos outros. Poucas vezes o consegue... O riso é o melhor remédio para a vaidade. Para meu pesar, não sou o umbigo do mundo.

Às vezes, dizemos por dentro: "Consegui o que queria e agora não me lembro para que o queria".

O PODER DO PERDÃO

Quem não perdoa é sempre aquele que mais sofre

Em sua vida conjugal, vocês vão cometer uma infinidade de erros, vão se magoar um ao outro sem querer ou até querendo, terão distrações e atitudes que ao outro parecerão imperdoáveis e sempre haverá em sua história em comum falhas que outros podem considerar também imperdoáveis.

Lembrem-se de que a capacidade que têm para o perdão é infinita, porque é motivada pelo seu amor, porque o que os impulsiona é o desejo de harmonia que existe entre vocês e o carinho para com o outro, a quem não querem ver sofrer.

A pessoa mais saudável perdoa antes e esquece sempre; ao contrário, a que tem mais problemas com sua personalidade, a mais rígida consigo mesma, tem maior dificuldade para perdoar o outro. A memória é um problema para o perdão. O melhor que nos pode acontecer é esquecer em seguida. É preciso resolver os conflitos colocando-se na pele do outro, desculpar, compreender, sentir empatia e, se não se compreender o outro, aceitá-lo com todo o carinho do mundo, permitindo-lhe errar.

Quem não perdoa não é feliz

Contava um médico famoso que nunca havia sido completamente feliz. Sempre "seria feliz mais à frente"... Primeiro pensou que seria feliz quando fosse mais velho; depois, ao ir para a universidade; mas, quando chegou lá, nada mudou. Então pensou que seria feliz ao se formar como cirurgião; depois achou que ao se casar; depois,

quando tivesse filhos; porém, mais tarde, achou que o conseguiria quando eles saíssem de casa...

Também pensou que talvez sua infelicidade tivesse origem na morte de sua mãe, quando era criança, e no fato de o pai tê-lo mandado para um colégio interno. Sempre o odiou por isso.

"E viveu com ódio por dentro por tantos anos?", alguém lhe perguntou.

Não se pode odiar a pessoa que cometeu um erro, já que se teria que odiar todo mundo, incluindo nós mesmos...

O médico, zangado com o seu pai, soube que este tinha sofrido um acidente e correu para o visitar. Encontrou-o na cama do hospital, imóvel e monitorado. Agarrou-lhe a mão e fez o que não havia feito desde criança... Sussurrou ao ouvido de seu pai em coma: "Papai, papai, sou eu... Eu amo você...". E uma lágrima rolou por seu rosto. Tinha chegado o momento de perdoar e de esquecer o passado.

Visitou-o nos dias seguintes e, uma tarde, ao chegar ao hospital, encontrou-o sentado tomando um chá. Abraçaram-se e falaram tudo o que não tinham dito desde a infância dele. Ele compreendeu os sentimentos de seu pai ao ter de abandonar seu filho no colégio, após ter perdido a mulher. Os dois sentiram-se próximos, entenderam-se, perdoaram-se, amaram-se.

Costuma-se dizer que o tempo cura as feridas, mas não é assim. O ódio e a amargura vão se diluindo, mas, a menos que se decida

perdoar, jamais abandonam totalmente a alma. A chave do perdão está somente na compreensão e na comunicação.

Os índios *sioux* têm uma belíssima oração:

Oh, Grande Espírito!,
afasta-me de julgar ou criticar o outro
enquanto não tiver caminhado com seus mocassins
pelo menos por duas semanas.

E como se pode perdoar coisas tais como uma agressão sexual, que é o delito mais odioso e repugnante? Recordando que a maioria dos violadores foram violados quando crianças. Devemos sempre tentar nos colocar na pele do outro.

Aprender a perdoar

Quando sua mente está cheia de ódio, não há lugar para a felicidade e o amor. O perdão liberta a alma do ódio e cria espaço para que o amor possa entrar.

Perdoar é apagar tudo, deixando o quadro limpo.

Deixar o ódio é abandonar essa pesada laje que nos aprisiona. "Ser enganado ou ser roubado não é nada, a não ser que a recordação do episódio persista."

Todas as religiões falam do poder do perdão. A pessoa que não é capaz de perdoar está queimando a ponte sobre a qual ela mesma

terá de passar, pois todos nós, alguma vez, precisamos ser perdoados.

O que não perdoa é sempre o que mais sofre, pois se enche de ódio e ressentimento, tornando impossível a felicidade. Somente abandonando toda condenação e todo ressentimento, pode-se experimentar a alegria e a felicidade.

Colhemos o que semeamos. Todas as nossas ações voltam sempre para nós, por isso não faz sentido manter amarguras e ódios. A pessoa que não sabe perdoar o outro tem dificuldade para se perdoar. De vez em quando é bom sentar-se e ver-se como uma criança. Seja amável com essa criança. "O sábio cai sete vezes ao dia, mas se levanta outras sete."

Haverá momentos durante o casamento em que um dos dois fará algo que ofenderá e ferirá o outro. Os dois são humanos e, como tais, têm coisas para aprender. A forma que vocês escolherem para solucionar a situação será a que determinará o caminho de sua relação, se seguirá para a autenticidade ou se desviará. Terão de escolher entre manter os sentimentos negativos ou libertá-los mediante o perdão.

O perdão é o que volta a conectá-los como casal e o que permitirá que sua relação se regenere continuamente. Quando se perdoa, a relação mantém-se intacta.

O perdão ocorre quando você é capaz de mudar seu ponto de vista e ver seu companheiro como um ser humano, com fraquezas que

precisam ser perdoadas, do mesmo modo como gostaria que as suas o fossem. Essa mudança interna é o que o faz transcender ao âmbito do divino. Perdoar não é fácil, mas se quiser se curar, deve primeiro perdoar o outro e compreendê-lo em seu interior. Assim, você se liberta de todo ressentimento.

A FELICIDADE DE DAR

No fundo do cuidado do seu amor está a energia de dar. Dar é a forma de manifestar, de maneira tangível, seus sentimentos, de tornar sua generosidade extensiva a seu companheiro, de dar-lhe afeto e de oferecer-lhe sua devoção. Dar a seu companheiro é dar a seu amor.

O ser humano possui um coração irrequieto que o projeta para além de si mesmo. Tem ansiedade de plenitude e de transcendência, aspira sempre a conhecer mais e a entregar-se mais. Quando pára ou deixa de se dar, trai a si mesmo.

O melhor presente

Quando falamos em dar, a maior parte das pessoas pensa em presentes, mas também se pode dar atenção, energia, ternura, surpresa, tempo...; tudo isso são dons de muito valor.

O maior presente que você pode dar ao outro é algo que não se pode comprar: você mesmo. Oferecer-se para lhe fazer compras, para lhe fazer uma massagem, acompanhá-lo ao dentista, cuidar de sua planta preferida, preparar-lhe uma sopinha, fazer-lhe um carinho... e até organizar algo que ele não teve tempo de fazer...

Fazer com que os desejos do outro se realizem é uma das formas mais doces de se dar a seu companheiro. Uma sensação que o amor produz é a felicidade que se sente ao cuidar do outro, ao entregar-se, ao viver atento às suas necessidades e encher sua vida de cuidados. Essa forma de agir tem um efeito bumerangue, que a faz voltar para si mesmo: quanto mais dou, mais regressa para mim. Tudo aquilo que se dá, recebe-se multiplicado.

Dar e receber

Existe um ciclo de reciprocidade entre o casal. O ideal é que o fato de dar flua de forma equilibrada e com espontaneidade, de maneira que os dois se sintam amados, escutados, queridos, respeitados e cuidados por igual. Deve haver um empate no intercâmbio de dar e receber.

Quando se interrompe esse ciclo e o fluxo de dar e receber se desequilibra, um dos dois começa a experimentar ressentimento, sente-se enganado e começa a ter desejos de vingança. De repente, o casal passa do "dar e receber" para o "receber e receber". Se essa situação se estender, o poço do amor poderá chegar a secar com bastante rapidez.

É preciso estar muito atento ao desequilíbrio do dar recíproco, já que então a irritação e o ressentimento iam se tornar os reis da casa. É preciso remediar na hora. Só se consegue isso mediante a comunicação aberta e a negociação. Desse modo, vocês voltarão a se sentir importantes por igual.

Se você sentir que seu companheiro está dando muito pouco, deve abordar o assunto diretamente e negociar um resultado, satisfatório para os dois, que restaure o equilíbrio.

A forma mais segura de o "dar e receber" fluir entre vocês é dar a seu companheiro, do fundo do coração, sem traçar nenhum plano prévio, deixando-o em paz e permitindo que ele faça o mesmo com você.

COMUNICAÇÃO E SEXUALIDADE

A saúde sexual passa pelo desnudar-se física e mentalmente

Um assunto muito importante para o casal é a sexualidade: essa atração corporal, essa comunicação corpo a corpo, essa música que brota do encontro dos dois, essa expressão genial do afeto, a mais completa, a mais intensa e a mais íntima que viverão entre si.

A comunicação sexual vai melhorando com os anos, como os bons vinhos. Ainda que no princípio lhes pareça que estão no melhor e mais inebriante momento de sua sexualidade, com os anos, comprovarão que o corpo vai despertando, torna-se especialista no do outro, intensifica-se sua capacidade de sentir, de comunicar, de desfrutar, e que o fogo e a urgência do início convertem-se em ternura, maior prazer e capacidade de fazer amor com os cinco sentidos, mais o sentido do humor, que também é algo que soma poesia e diversão ao encontro sexual.

A sexualidade é algo muito importante e tem sua linguagem. Conhecer o corpo da outra pessoa, suas posturas, saber como é estimulado... é algo apaixonante. Uma das coisas mais bonitas do desejo é conhecer o outro e ir adentrando, pouco a pouco, em sua cidadela. A felicidade consiste na administração inteligente do desejo, o equilíbrio entre o desejado e o conseguido.

Ternura e erotismo

A relação sexual plena deveria incluir, em partes iguais, ternura e erotismo. Jorge Bucay, falando simbolicamente da sexualidade, diz que "para a cama se deveria ir com um ramo de flores e um filme

erótico". Ou seja, colocar tanta ênfase no romantismo quanto no prazer, tanto na ternura quanto na exploração e criatividade, mudando de lugar, hora, ambiente, posição etc., para que seja divertido. O sexo nunca pode ser um rito sério e formal, porque então deixaríamos de vivê-lo bem e de nos divertirmos.

Dizem que o homem se apaixona pela vista e a mulher, pelo ouvido. Quando o homem descreve uma mulher, o faz em termos físicos; mas quando uma mulher fala de um homem, descreve seus valores intelectuais, seu sentido de humor, suas habilidades de comunicação e sua capacidade de transmitir afeto.

A verdade é que o homem e a mulher se comportam de maneiras diferentes em relação à sexualidade. Temos ritmos, gostos e desejos distintos. É importante falar muito de tudo o que ocorre entre os dois. Às vezes, dão-se por supostas coisas que não foram ditas e então surge o desencanto e a monotonia. É preciso pedir o que se necessita, falar do que agrada ou incomoda cada um. É preciso conhecer os diferentes ritmos e procurar os melhores momentos para os dois.

A saúde sexual passa pelo desnudar-se física e mentalmente, ou seja, não basta o corpo a corpo, mas é preciso cuidar muito da comunicação. Os homens aprendem sobre sexo com os filmes pornográficos, onde os orgasmos duram mais, as mulheres chegam ao auge do prazer e tudo é artificial. Daí vem o temor de não dar conta, de não atender aos requisitos, o que produz ansiedade. Daí para a anorgasmia ou falta de apetite sexual é um passo.

O mais importante é reservar tempo para a sexualidade, sem apressar nem um nem outro. Também as mulheres têm seus temores de serem sexualmente pouco ativas, de serem limitadas se não lhes apetece o sexo oral, de serem pouco atraentes. Todas essas mensagens internas fazem diminuir o desejo e levam, em muitos casos, as mulheres a não encontrar prazer e a ter problemas de fecundidade, quando se deseja um filho.

Não ter pressa no amor

É importante ser lento no amor. Não tenham pressa, dediquem tempo à sexualidade, não deixem o que sobra do dia para ter um encontro rapidinho e sem qualquer poesia. Deve-se procurar os momentos especiais, enchê-los de beleza, criatividade, ternura e interesse pelo outro.

É muito possível que cada um, ao mesmo tempo que está descobrindo o corpo do outro, esteja descobrindo o seu próprio, que se sinta tão surpreendido com o companheiro como consigo mesmo. Façam essa autodescoberta juntos, caminhem juntos esse percurso do seu despertar para o amor e o desfrutem juntos. Falar e rir de todas essas coisas da cumplicidade une e relaxa, além de favorecer novos encontros e experiências.

Lembrem-se de que podem fazer amor somente com o corpo, sem mais comunicação, ou podem fazê-lo com todas as suas qualidades envolvidas na relação. Então seu encontro lhes produzirá uma

sensação de comunhão, de fusão, de serem dois em um, de união perfeita em corpo e alma, que lhes proporcionará uma sensação quase celestial. Não se conformem com a mediocridade nesse terreno. Muitos casais deixam morrer o desejo por falta de interesse em cuidar do tempo e do espaço para o amor.

A ternura, querer da alma

A ternura é uma qualidade especial da afetividade. Afina a comunicação, envolve em carinho e cuidado, afasta do rápido e brusco e dirige-se para a outra pessoa com delicadeza, suavidade e elegância. Para mostrar ternura, é preciso certo grau de serenidade e de paz interior, ser dono dos próprios impulsos e sentimentos. Com a ternura destapa-se o frasco das essências que cada um tem guardadas dentro de si por muito tempo e emerge o melhor que cada um tem e este é oferecido à outra pessoa.

A ternura expressa o aprimoramento de quem a pratica, sua grande capacidade de entrega e doação. Consegue que o outro se sinta amado, respeitado, tratado com mimo e cuidado. Apenas no amor autêntico pode haver ternura, porque a ternura é compreensão, é entrega total ao outro, é procurar seu bem-estar e seu deleite amoroso. A sexualidade está envolta em ternura. Às vezes, renunciar a um encontro sexual será a maior demonstração de ternura.

O estresse é o grande inimigo da sexualidade. Hoje em dia, as jovens têm dificuldade de engravidar porque estão tão sufocadas que

não têm tempo para fazer amor com vagar e paixão; sua mente está em outras coisas, que as mantém distraídas do outro, de seus sentimentos, até do desfrute e do prazer.

A sexualidade brota do amor

É necessário expressar os sentimentos na sexualidade, ou melhor dito, a sexualidade brota do amor que sentimos para com a outra pessoa. Por isso, ela nos atrai, colocamos todo o nosso interesse em desfrutar e em que desfrute. Quando deixamos de atender ao desfrute e ao prazer, quando deixamos de expressar a vida que vivemos juntos, o desejo adormece e o prazer diminui. E, então, perdemos freqüência e proximidade, o que repercute no resto da vida em comum.

Todo casal necessita de um pouco de magia, um pouco de surpresa que desperte o frescor da curiosidade e a insegurança do desconhecido. É preciso dar especial atenção em não ser repetitivos na sexualidade: no lugar, no momento, nas carícias, nos passos exatos...

Há pessoas que se consideram autênticas peritas no amor e habilidosas na sexualidade, chegando até a se vangloriar disso. Eu lhes proporia vender sua sabedoria sexual e comprar a perplexidade, pois o especialista está muito atento a si mesmo e aos passos que deve seguir, perdendo de vista o admirar, o que vai acontecendo a si mesmo e ao outro. Quem se acha um entendido se esquece de sentir, de saborear, de surpreender-se com prazer do novo encontro, que é único e diferente em cada ocasião.

O jogo amoroso

Fazer amor ou o encontro afetivo sexual pode ser um momento de felicidade e plenitude no qual se sabe com quem se escolheu estar, aonde se quer ir e como se quer viver. É uma experiência harmoniosa para os dois, um momento em que é preciso estar atento para mergulhar completamente, esquecendo tudo o que está ao redor. Não deixar que angústias, preocupações e ressentimentos contaminem esse corpo que se expressa, essa mente que se entrega, essa comunicação que se irradia e esses dois espíritos que se fundem em comunhão.

No meu entender, as relações sexuais podem ser comparadas a uma escada, em cujo fim existe uma porta que poderia ser o coito. Todos sabemos como é este final. Todos conhecemos esse primeiro degrau de uma relação, esse roçar de mão com mão que nos põe os pêlos arrepiados e nos dá um calafrio, que percorre desde o dedo do pé ao último cabelo da cabeça; é assim que começa a atração dos corpos. Entre o primeiro degrau e o último há muitos outros de ternura, de contar-se a vida, de carícias, de rodeios, de percorrer-se, sentir-se, saborear-se um ao outro...

E, como a natureza está tão bem inventada, todo esse jogo amoroso vai dilatando um e outro para chegar a esse orgasmo pleno, que seria a porta final da escada. Do número de degraus que tenha a nossa relação amorosa, do tempo e do interesse que dediquemos um ao outro, do cuidado com o outro, do saber pedir o que precisamos, de ser aprimorado e variado nos detalhes, da não precipitação, de

tudo isso depende o êxito final. Não se pode esquecer que o prazer não é apenas chegar ao orgasmo, mas que todo o jogo amoroso, toda a ascensão dessa escada já é o prazer em si mesmo, que pode ou não culminar no orgasmo.

Há relações tão rápidas, tão urgentes, que essa porta de entrada acaba forçada, tornando-se essa relação dolorosa, já que não foi preparada com a ternura e o jogo anterior. Da mesma forma, começar a relação pelos últimos degraus, sem cuidar das ternuras preliminares, dificulta a "harmônica entrada dos dois pela grande porta".

Para desfrutar mais da sexualidade, o melhor é esquecer do orgasmo, deixar que aconteça quando acontecer; mas não é nem muito importante nem imprescindível. É preciso tempo e maturidade psíquica para que chegue a ser uma experiência de encontro e união. Chega-se à fusão com o outro mediante o diálogo, o respeito, a dádiva de cada um, a criatividade e a iniciativa compartilhada. Às vezes, busca-se a técnica perfeita, o que predispõe à frustração, ao medo de "falhar", se esquecendo da comunicação, da linguagem dos corpos, da intensidade do momento.

Qualidade sexual

Passamos da monotonia sexual a buscar tanto a variedade que acaba-se mais preocupado com os "efeitos especiais" do que com o que cada um sente em seu íntimo. Fala-se muito de quantidade de relações sexuais e não de qualidade na comunicação, e muito menos

ainda da intensidade da relação. De todo modo, ao se viver o ato sexual, aprende-se juntos. E, assim, cria-se um ambiente de cumplicidade e jogo que o torna mais terno, criativo e bonito, que favorece o cuidado do próprio corpo, do ambiente e dos detalhes, com o fim de renovar o amor.

A sexualidade colocada a serviço dos dois converte-se em um meio de linguagem e comunicação que enriquece o casal e os faz crescer no amor. É uma linguagem em que intervêm todos os sentidos e na qual a pele é muito importante. Não é couraça nem muralha, mas o que nos une ao outro por meio desses milhões de portas que são os poros e terminações nervosas.

Precisamos nos colocar de longe para ver o outro a distância, para que a rotina não quebre nosso interesse, nossa capacidade de surpresa. Tentem vê-lo como se fosse pela primeira vez, porque, para continuar sendo amigos, devem praticar a arte de recomeçar a cada dia.

Diferenças entre homem e mulher

Na relação sexual, é importante recordar as diferenças entre homem e mulher, com o fim de irem se ajustando um ao outro. Sabemos que eles têm ritmos distintos: a mulher é habitualmente mais lenta e precisa de uma maior preparação e ambientação para chegar ao clímax; o homem, ao contrário, é mais rápido. Por isso, no início do relacionamento, é preciso cuidar do ajuste entre os dois e também comentar tudo o que se passa com cada um. A ternura, a delicadeza e a sinceridade vão reduzindo a distância dos ritmos.

O homem costuma ter menor necessidade de expressar afeto. A mulher, ao contrário, precisa que lhe digam freqüentemente que a amam, enquanto ao homem basta sabê-lo uma vez. É necessário saber dizer o amor, é imprescindível comunicar nossos sentimentos. Por outro lado, em qualquer assunto da vida, o homem vai direto ao ponto, enquanto a mulher cria um clima prévio. Criar esse clima para o amor acrescenta qualidade à relação pessoal.

O homem e a mulher sentem-se completos quando são compreendidos pelo que são. Para que se conheçam, é preciso que se interessem um pelo outro, sendo imprescindível o diálogo aberto e sincero, em que a pessoa se exponha em sua totalidade. Recordemos que sexo é comunicação e que "jamais se deveria entregar o corpo sem antes ter entregado a mente".

Deixar o amor fluir a partir do coração e da cabeça

Um sintoma positivo de sua relação é que o riso brote a partir do seu encontro, e também é necessário algo de sabedoria para tirarem partido de suas experiências positivas ou negativas e conviverem com suas carências. O que em vocês rejuvenesce a cada dia é o coração. Seu desejo de amar e serem amados será mais vivo conforme forem vivendo esse amor.

Nos filmes, parece que nós, seres humanos, reagimos como animais, por impulso. Temos a impressão de que a atração não pode ser controlada e um se atira ao outro como louco, até rasgando a

roupa ou "roubando o corpo"... Isso é apenas uma má informação televisiva. Tudo é muito mais sereno e mais bonito.

Sempre é possível ter controle de si mesmo. Unamuno dizia que "o ser humano diferencia-se do animal por poder fazer amor a qualquer hora e comer sem ter fome". Os animais apenas respondem a seus ciclos biológicos irracionais. As pessoas pensam, sentem, agem e são donas de todos os seus atos.

As relações sexuais vividas sem que se conheça o outro são como tomar um excelente vinho pelo gargalo da garrafa. Não..., há que o decantar, bebê-lo em um copo especial e acompanhar suas fases visual, olfativa, gustativa, até o gosto final. O desejo é saudável quando há amor, mas quando não o há é doentio, patológico, neurótico.

Sexualidade, expressão da afetividade

Muita gente desvincula a sexualidade do afeto. A relação, então, converte-se em algo que se usa e deixa de lado: de algum modo usa-se o outro, instrumentalizando-o. Há uma diferença entre o desejo sexual com amor autêntico, uma relação pessoa a pessoa, que integra o físico, o mental, o social e o espiritual..., e o desejo sem amor, que é um intercâmbio de sexos, corpo a corpo.

A revolução sexual cometeu o erro de louvar a relação sem amor e falsificou a linguagem, chamando o ato sexual físico de "fazer amor", assim como Fidel Castro chama de democracia o seu regime.

A grande revolução sexual consiste em compreender que a sexualidade é um meio de expressão da afetividade. Freud dizia que, quando não processamos bem a sexualidade, convertemo-nos em pessoas neuróticas. Pergunto-me: por que se fala tão mal do corpo, do sexo e do amor?

Há milhares de piadas picantes que não fazem mais do que envolver de mau gosto a sexualidade. Nós, adultos, costumamos fazer comentários com segundas intenções, tornando trivial esse tema. Não sabemos falar a sério da sexualidade, preferindo ocultá-la com piadas e risos. É uma pena que não se fale abertamente de temas tão importantes e naturais. Assim, poderíamos ajudar-nos uns aos outros a viver melhor com o corpo e a sexualidade.

OS AMIGOS

A vida é uma grande festa e não se pode estar numa festa sozinho

A qualidade de nossas vidas é a qualidade de nossas relações. A felicidade surge de uma boa relação consigo mesmo e, depois, do amor e da amizade. O fato de ter ao lado outras pessoas a quem se aprecia faz com que as experiências boas sejam ainda melhores ao serem compartilhadas; as dificuldades, por sua vez, tornam-se menos duras ao serem comunicadas aos outros.

O ser humano é uma criatura social. Precisamos falar, comunicar, sentirmo-nos queridos e necessários. Não é bom que a pessoa esteja sozinha. Todos nós precisamos uns dos outros. Sem relações, a vida é vazia. A vida é uma eterna celebração, uma grande festa para a qual todos somos convidados. Em uma festa não se pode estar sozinho.

Necessidade de amigos

Muitas pessoas, em sua luta pelo sucesso profissional, trabalhista ou econômico, perdem suas amizades e sua vida familiar. Os problemas são mais facilmente superados com amigos, com alguém que lhe estende a mão, que o compreende e o ajuda a recuperar a objetividade perdida. Às vezes, sentimo-nos mergulhados em um buraco tão fundo que é impossível sair dele pelo nosso próprio esforço. Nesses momentos, precisamos que alguém nos puxe para cima.

Quando mantemos nossos problemas em segredo, sentimos mais ansiedade e preocupação. O que não se conta a alguém às vezes corrói-nos por dentro. O velho ditado "duas cabeças pensam melhor que uma" significa que se dispõe do dobro de capacidade mental para

ser aplicada à resolução do problema. A solução começa pelo simples fato de compartilhar.

Às vezes, está-se tão afetado pelo que acontece que se perde a objetividade. Para isso existe o amigo: para lembrar como você se saiu bem em uma situação semelhante ou para o colocar em contato com seus recursos pessoais, fortalecendo a fé em você mesmo.

A vida será difícil para a pessoa que tem dificuldade em se relacionar, mas sempre há tempo de melhorar essa capacidade. Talvez, no passado, tenha-se seguido um caminho equivocado, prescindindo dos outros, mas pode-se sair ao encontro deles. Quando o decidir, vai se sentir melhor.

Manter os amigos

Algumas vezes simpatizamos mais com algumas pessoas do que com outras.

- Pode agradar-nos mais a pessoa que, ao falar, olha nos olhos do que aquela outra que evita o contato visual.

- Você se sente melhor com quem lhe estende a mão firme do que com quem lhe estende uma que parece um peixe morto.

- São mais interessantes as pessoas que se preocupam com assuntos de todo mundo do que as que só sabem falar de si mesmas.

- Também preferimos quem se interessa por nós e nos faz sentir importantes ou válidos.

Se quisermos manter os amigos, devemos aceitá-los pelo que são, sem nos centrarmos em seus defeitos. Em vez disso, devemos nos concentrar em suas qualidades. Quando cometerem algum erro, estaremos dispostos a perdoá-los, tal como gostaríamos que eles fizessem conosco. As pessoas vão nos tratar como nós as tratamos.

Um pensador aconselha a tratarmos todas as pessoas como se fosse a última vez que as víssemos. Desde que adotou tal conselho, ele mesmo se comporta melhor com sua mulher, com seus filhos, com os amigos... Não os deixa ir embora sem uma demonstração de carinho, sem lhes dedicar toda a atenção de que precisam. Procura não romper nenhuma relação com algo negativo ou agressivo.

Ele adotou essa medida porque perdeu sua mãe no dia em que foi jogar uma partida de futebol. Por não encontrar sua camiseta, despediu-se dela irritado, batendo a porta. Passado algum tempo, avisaram-no que ela havia falecido. Ele sentiu por não se ter despedido melhor, não ter lhe falado com mais doçura e, sobretudo, por não lhe ter dito jamais quanto a amava.

A partir desse momento, decidiu cuidar de suas relações familiares, profissionais e de amizade. Antes, entre sua família e seu trabalho, escolhera o trabalho, perdendo a família e os amigos.

Um lugar para os amigos

É importante incluir em seu projeto conjugal o lugar que os amigos vão ocupar. Combinem como querem que seja seu lar: se uma casa aberta, na qual se acolhe todos com simplicidade e se compartilha tudo o que se tem, sem trabalho nem cerimônias excessivas; ou uma casa onde se vai cuidar mais dos detalhes do que das pessoas.

Um lar é muito mais do que uma casa. Reunir-se é muito mais do que estar juntos. Compartilhar é muito mais do que um empréstimo de coisas, e viver felizes é muito mais do que estar em grupo.

Fazer com que os que cheguem à sua casa se sintam como em família é todo um acontecimento. Fazer família é falar, é contar a vida, é cuidar dos afetos. Não podemos dizer que nos amamos se não nos preocuparmos uns com os outros, se não nos perguntarmos como vai a vida, que fizemos hoje, como nos sentimos e como está nosso ânimo.

O tipo de comunicação que você vai ter com seus convidados ou com quem aparecer em sua casa é algo importante. Há lares em que nos enchem de comida. Depois, saímos dali sem saber como está a família com quem se comeu, com a sensação de solidão, sem contar o que se passa conosco ou como nos sentimos nesse momento da vida.

Às vezes, tornamos nossas relações triviais, deixamos que a televisão apague nossos diálogos, que temas urgentes se sobreponham aos importantes...

Quando isso acontece, criamos em nossa casa um espaço como o bar da esquina, onde todo mundo pode entrar para tomar algo e bater um papo com alguém, mas que continua sozinho porque não está com os amigos, com aqueles com quem partilha a vida e a intimidade.

Há casas nas quais chegamos e sentimos que toda a família estava nos esperando. Acolhem a nós e a nossa história com todo o interesse do mundo; param tudo o que estavam fazendo, permitindo que nos sintamos o centro do universo. Nessas famílias, sentimo-nos amados e acolhidos, com desejo de compartilhar a vida e de sermos companheiros de caminho.

O LAZER

Cada um tem que ter seu lazer.

Também é imprescindível ter algum tipo de lazer em comum

e cultivá-lo.

Lazer é tudo aquilo que se faz sem obrigação. Nós, seres humanos, precisamos ter tempo livre, ou seja, espaço para fazer o que quisermos. Há pessoas que estão programadas para trabalhar, para estar sempre ocupadas e para se encher de obrigações e compromissos. Há outras que sabem se desligar da obrigação, buscando atividades que as façam relaxar, as distraem das obrigações cotidianas, as entretêm e divertem.

Partindo da idéia de que nascemos para ser felizes, haveria que delinear a vida levando em conta que temos que trabalhar para atender as nossas necessidades e, ao mesmo tempo, para nos sentirmos válidos. O ideal seria ter um trabalho que proporcionasse renda suficiente para podermos viver, no qual pudéssemos nos sentir criativos, desenvolvendo nele todas as nossas possibilidades.

Conjugar trabalho e lazer

Pouca gente consegue esse tipo de trabalho. Assim, o mais inteligente seria ter um comportamento "proativo", que significa conseguir sentir prazer naquilo que irremediavelmente tem que ser feito. O mais inteligente é saber desfrutar até do que não lhe encanta, saber extrair o que tem de positivo... Quase tudo na vida tem algo de positivo, como as relações com os colegas, a remuneração, a contribuição de seu trabalho para o bem comum, sua especialização em um determinado assunto etc.

Mas, depois do trabalho, é preciso ter um tempo para o lazer, um espaço para o descanso, alguma atividade que nos seja gratificante

e nos faça sentir autônomos e válidos. Tanto faz que seja um esporte, um aprendizado, uma atividade artística, relacional, solidária ou espiritual. O importante é que não a convertamos em uma obrigação, pois nesse momento deixa de ser lazer para se converter em uma tarefa a mais, que "precisa ser feita".

O problema de nos sentirmos aborrecidos está no fato de que, muitas vezes, vivemos a partir do que se "deveria" fazer, em vez de fazermos as coisas porque as escolhemos. Porque nos cansa a sensação de não dispormos do nosso tempo, de sermos levados em vez de irmos aonde queremos, ou de determinarem para nós em que ou como devemos despender nosso tempo, em vez de nós mesmos decidirmos isso.

É muito importante que cada membro do casal tenha seu espaço de lazer, ou seja, atividades que o façam descansar, o revitalizem e o ajudem a se desconectar das obrigações diárias. Não se pode chamar de lazer às atividades habituais.

Se, depois de uma semana de muito trabalho, eu dedicar o fim de semana às tarefas domésticas, ainda que ache que o faço como lazer, será muito provável que a longo prazo eu me sinta mal comigo mesma e volte meu aborrecimento contra meu companheiro, que talvez se tenha dedicado a praticar um esporte ou qualquer outro lazer de sua escolha, mas que não tenha a ver com nossas obrigações domésticas, que também são trabalho.

Há famílias que não se permitem estar com os "braços cruzados", nas quais estar ocioso é como uma falta ou desleixo. E como cada um aprendeu isso na própria família, pode acontecer que um

trabalhe em excesso e o lazer do outro o incomode, pois o considera um preguiçoso que está escapulindo do trabalho em comum.

Dividir as tarefas

Não se pode esquecer que as tarefas domésticas podem chegar a ser infinitas. Se alguém se puser a serviço da casa, nunca acabará de limpar, arrumar, manter tudo em perfeito estado, comprar e cozinhar. É preciso ter muito cuidado para não viver a serviço da casa; que seja ela a estar aí para que dela nos sirvamos, a usemos e a desfrutemos. A casa não tem que estar sempre como um museu, preparada para que os visitantes a encontrem "em perfeito estado de revista".

O lar é um lugar onde se está à vontade e cada um se sente bem; mais ainda: onde deveria se sentir melhor. Nesse campo, recebemos uma má educação. Os homens e as mulheres têm um conceito distinto do que seja uma casa e de como deve ser utilizada. É preciso combinar muito bem, conversando com muito vagar e comunicando todo tipo de sentimento sobre como se vai utilizar a casa, o uso e o desfrute das coisas e o modo de convidar e compartilhar.

Também é preciso combinar o tempo que se vai dedicar à limpeza e à divisão de tarefas, para que não haja ressentimentos, nem explorações, nem abandonos que degradem a relação, apagando o amor e a expectativa entre o casal.

Cada um tem seu tempo de lazer, suas atividades que o deixam bem e o fazem relaxar. Também é imprescindível ter um lazer em comum e cultivá-lo. Que um tenha excesso de lazer e o outro nenhum é tão perigoso quanto os dois terem muito lazer independente, nunca encontrando tempo para cuidar do lazer em comum.

Partilhar o lazer

Imaginemos um casal, cujos dois membros têm muita expectativa em estar juntos e se amem muito, e ela pratique muitos esportes. Durante o namoro, nota que ele invade um pouco esses seus espaços pessoais e faz ajustes para praticar seus esportes enquanto ele tem compromissos de trabalho ou está fazendo alguma outra atividade.

Posteriormente, quando se casam e já estão mais conscientes daquilo em que cada um ocupa seu tempo, ela madruga para ir à natação, dispõe de um tempo para correr com umas amigas e joga basquete nas tardes de sábado, em uma equipe à qual pertence desde garota. Ele, entretanto, que sempre se encantou por ter uma noiva tão ativa e aprecia a excelente forma física que essas atividades esportivas lhe dão, depara-se com o fato de que em nenhum domingo de manhã pode curtir um pouco de preguiça com ela, pois, quando acorda, ela já saiu silenciosamente para nadar. No sábado de tarde, quando estão no campo, comendo com os amigos ou na casa de seus pais, ela também dá prioridade ao seu jogo, colocando-o acima de tudo o mais.

Quando ela se vai, ele se sente um pouco "abandonado", até que ela regressa, contente e jovial. Quando têm um tempinho para relaxar, ela chama suas amigas e vão correr um pouco, não mais de duas horas, pois tomam um cafezinho juntas. Algumas vezes, ela tem

o cuidado de chamá-lo para se juntar ao grupo e participar do café, já que ela é sempre muito atenta e atenciosa com ele.

Nos dias de semana, ao voltar do trabalho, à noite, ela precisa correr um pouco para se desligar do trabalho. Depois toma uma ducha e já fica disponível para sua vida em comum.

Nessa história, pode acontecer que ele se inscreva em um curso ou em um coral para também ocupar o seu tempo, o que seria ótimo para seu entretenimento e descanso, desde que o faça porque o deseja e não para se vingar das ausências de sua mulher. Também pode acontecer que se sinta aborrecido e ache que ocupa o último lugar na vida dela. Pode até acontecer que, enquanto ela corre, nada ou joga basquete, se sinta um pouco incomodada pensando que seu companheiro está em casa sozinho, sentindo-se então culpada, já que ele não tem nenhum lazer e está como que abandonado, e por isso tenha que acabar o mais cedo possível porque o outro a está aguardando. Quando fica para o café posterior, sente-se mal e, ainda que se apresse para chegar em casa, continua se sentindo mal, pois não faz o que realmente gostaria.

Qual seria a melhor forma de agir desse casal, se o que querem é viver juntos para viver melhor? Como atender às necessidades de cada um, já que é preciso encontrar um difícil equilíbrio entre os dois?

A melhor solução

É preciso ter tempo de independência, tempo pessoal e tempo para os dois. Mas, se o tempo para um for maior do que o tempo para os dois, haverá problemas. Fomos criados para viver em paz com nós mesmos. É preciso trabalhar o desafio de nos recuperarmos, de escutarmos em casal e de nos levarmos em conta.

É preciso estar em contato com as próprias necessidades e transformá-las em ação, busca, petição ou o que seja. Muitas vezes, temos uma necessidade, mas a ocultamos dos outros. Precisamos parar para olhar para dentro de nós, buscando ver se o que necessitamos é uma maior atenção da outra pessoa ou ter nosso próprio lazer.

Se o que busca é estar sempre com o outro ou tê-lo controlado, temo que outras coisas e pessoas lhe interessem mais do que a si. É preciso falar muito desse assunto e chegar a um acordo, para que os dois saiam contentes de seu confronto.

Às vezes, incomoda-nos pedir mais afeto ou mais atenção e nos queixamos do excesso de lazer do outro, quando o que precisamos é de mais expressão de carinho, mais ternura entre o casal, ou um e outro porem mais expectativa na relação e nos momentos em comum. Precisamos levar em conta que cada um escolhe a própria forma de ser feliz. É bom olhar para dentro de si e ver se está fazendo o que quer com a sua vida, se sabe descansar, se divertir..., ou se o que quer é controlar o outro e tê-lo a seu lado, independentemente dele estar ou não confortável.

É o momento de buscar e refletir. Esquecemos como somos. Algumas vezes, teremos de recorrer a alguém que nos incite a recuperar a sabedoria que adquirimos ainda na infância, quando podíamos rir e brincar sem parar.

O lazer, tempo para se olhar e desfrutar

Creio que essa deve ser, no fundo, a verdadeira proposta: um estímulo para que ambos trabalhem o desafio de recuperar a si mesmos. Um caminho para permitir que o ser se manifeste e encontre o lugar onde se expressar em sua relação com o outro. Temos o desafio de aprender a nos escutar, a nos considerar, a nos ver ao lado da pessoa amada, o que nossos pais talvez não tenham sabido fazer.

Porque é muito doloroso precisar e não obter o que se precisa. Esse é o principal problema. Ninguém quer sentir a dor de precisar de algo e não o ter. Mas essa dor é a única saída para descobrir minhas verdadeiras necessidades, e somente se as encontrar poderei depois satisfazê-las. Porque, se resistirmos a nos sentir vulneráveis, cada vez nos endureceremos mais e nos afastaremos da possibilidade de averiguar o que necessitamos. Às vezes, preferimos não sentir uma necessidade que, na realidade, cremos não poder satisfazer.

Não há intimidade com estratégias. Com elas, não podemos sentir. Alcançaremos nossas metas, sentiremos o prazer de dominar o outro ou de conquistá-lo, mas isso não tem nada a ver com o verdadeiro encontro e com o amor.

Em nossa relação, temos que deixar espaço para a dor e a confusão, que surgem quando desarmamos nossas estratégias. Esse é o caminho para casa, o caminho do encontro com outro ser humano e o caminho do amor.

A FAMÍLIA DO OUTRO

Façam com seus pais o que gostariam que fizessem com vocês

A família continua sendo a fonte primeira e principal de nossa personalidade e de nossa educação, o lugar em que recebemos esse "pão de carinho" que nos faz crescer e viver.

Cada um procede de uma família na qual aprendeu hábitos distintos, ou melhor, na qual foi gravado em suas mentes o que é a vida. Vocês chegaram a este mundo como um disco vazio e, nos primeiros três anos de vida, foram guardadas nele as aprendizagens mais significativas que condicionam sua maneira de pensar, de agir e de estar no mundo. Posteriormente, foram acrescentados novos hábitos, idéias e formas de estar no mundo, mas sempre de acordo com aquilo que, um dia, ficou gravado como a verdade, o único, o elementar.

Esse conjunto de amigos que normalmente os ama tanto, com quem iniciaram a vida e até tinham um projeto em comum, deve ficar em segundo plano, para que cada um seja quase "propriedade" da outra pessoa, essa que vocês escolheram sobre todas as outras para compartilhar o restante de suas vidas.

Uma nova família

Essa pessoa é a usurpadora do filho, irmão, neto, que o leva para viver em outra casa e que inventa uma nova maneira de ser e de estar. E, de imediato, com seus comentários ou forma de criar um lar ou de relacionar-se, estará lhes passando a imagem de que já não aprecia tanto o que se fazia em sua família, passando a inventar

por isso formas diferentes de viver. A coisa é sutil assim, complicado assim, simples assim. É o que acontece sempre que alguém forma uma nova família.

E os que ficam para trás encontram-se com a nostalgia da ausência e surpreendidos pelos costumes e mudanças que o novo casal estabelece. Nesse momento, é preciso que todos sejam muito habilidosos, para evitar que a menor das opiniões ou desacordo rompa a relação. É importante sair de casa pela porta da frente, isto é, com boa relação e sem confrontos, embora não seja nada fácil.

Essa família que tanto ama seu companheiro, que acha que o ama ainda mais que você, fica na retaguarda, esperando sua parcela de atenção, de afeto e de espaço. Os da outra família sabem que têm que se retirar para dar passagem à nova pessoa que entrou, mas morrem de vontade de dar um telefonema, visitar ou fazer um carinho.

Eles, os membros do novo casal, também se debatem entre cuidar de si e atender aos pais e irmãos, que, expressando ou não, reclamam sua parcela de carinho. O início é um tempo difícil, quando então se estabelecem as relações, as freqüências, as atenções, as visitas.

O primeiro Natal

O primeiro Natal será um momento de crise. Devemos passá-lo na casa de um ou do outro? Será sempre preciso despir um santo para

vestir outro. É preciso combinar entre o que apetece a cada um e o que sabem que os familiares desejam. Mas têm que ser vocês a decidi-lo com muito amor e muito respeito, sem ficarem enlouquecidos por quererem agradar a todo mundo, sabendo que, façam o que fizerem, não poderão contentar a todos, porque não podem dividir-se.

Alguns casais jovens, no início de sua vida em comum, com o fim de não criar conflitos, vão cada um passar o dia de Natal na casa de seus pais. Eu pergunto-me se não será negativo viver sua faceta de filho e irmão e abandonar a de esposo. Que pensarão esses casais quando tiverem filhos?

A realidade é que, quando alguém vai à casa de sua família sente-se bem, porque está habituado a tudo o que acontece nela. Mas o outro, o que não pertence a esse lar, sente-se distinto e distante. Por mais que cuidem dele, que tentem integrá-lo e façam malabarismos para que se sinta como um dos seus, ele será sempre diferente e haverá mil e uma formas de agir que o incomodarão. Costuma-se ter dificuldade de integração. A pessoa sente-se distanciada e diferente. O que está em sua própria família, ao contrário, cresce e torna-se mais como os seus, o que faz com que o outro se sinta ainda mais fora de lugar, tornando-se mais difícil a sua integração. Enquanto isso, a família acolhedora percebe toda essa corrente subterrânea de emoções e não se sente apreciada de todo. De modo que uns e outros notam o que acontece, mas não sabem o que fazer para que as coisas corram o melhor possível.

Nada disso acontece quando você se liga a alguém que não tem família ou que detesta sua forma de ser, porque então aceita de bom grado tudo o que lhe oferecem na outra família, integra-se parecendo mais um do clã, o que facilita totalmente as relações, evitando criar algum problema de ciúme ou exclusão. No entanto, não é isso o mais freqüente.

Cada um costuma estranhar, incomodar-se ou indignar-se com algum costume ou hábito da outra família. No início da relação, parece que se aceita tudo com humor e surpresa, mas conforme vão passando os anos a rejeição aumenta, já que a outra família possui tudo aquilo que lhe é mais difícil em seu companheiro e, quando este está com eles, parece que isso fica aumentado, potencializado ou exaltado.

A questão econômica

Em todas as casas há determinados costumes sobre diferentes aspectos da vida. Vou tocar na questão econômica, que costuma ser fonte habitual de conflitos e tensões.

A relação com o dinheiro é um dos aprendizados mais delicados da vida familiar. Imaginem que a família de um é austera, gasta apenas o necessário, compra coisas práticas e aproveita os aniversários para oferecer coisas necessárias para o homenageado. Mas, quando chega uma ocasião especial, como um casamento, batizado ou jubileu, atiram dinheiro pela janela e compram a roupa mais cara, a melhor comida, o grande presente e não poupam nenhum gasto.

Ao contrário, na outra família gastam habitualmente com rapidez, dão-se a pequenos caprichos na comida, nas roupas, nos livros, nos CDs e nos passeios. Nos aniversários, oferecem-se coisas exóticas e caprichos absolutamente desnecessários. Oferecem-se presentes a qualquer momento, simplesmente pelo fato de descobrir algo que possa surpreender um dos seus. E depois, quando chega uma ocasião especial, um acontecimento social, não se incomodam em usar uma roupa emprestada, nem precisam comer grandes manjares, nem fazer grandes viagens, pois qualquer coisinha os encanta e surpreende.

Quando este casal iniciar sua vida econômica em comum, essa mescla normalmente será explosiva. Um pode ficar encantado que o outro apareça a cada dia com uma surpresa que não serve para nada; mas, depois de vários dias, terá vontade de lhe lembrar que é preciso ter cuidado com o dinheiro, que se deve gastá-lo em coisas necessárias. O outro, por sua vez, estará sempre esperando que o companheiro apareça com uma flor, um livro ou um mimo, e a ele apenas lhe ocorrerá comprar-lhe algo para comer, algo que seja prático e tenha utilidade, em vez de "tantas bobagens" em que o outro costuma gastar. Além disso, esses dois, quando forem à casa de seus pais, ficarão incomodados com a forma de agir da família contrária e rejeitarão sua forma de levar a economia.

Não resta outro remédio senão serem muito respeitosos um com o outro, falarem de tudo isso no nível dos sentimentos e reconhecerem que cada um tem uma relação diferente com o dinheiro. Um vê como necessárias coisas que o outro talvez considere desatinadas.

É preciso conhecer o outro com suas necessidades e desejos. Deve-se chegar a acordos mútuos, respeitar e aceitar o modo como os membros da família anterior agem, pois estão em seu direito de fazer com sua vida e seu porta-moedas o que lhes dá na telha. Mas, falar de economia, dar nome ao que nos incomoda e rir de suas quase incompatibilidades... já é começar a curar um assunto tão sensível.

A ordem

Outro assunto polêmico que tem muito a ver com a família é a ordem. Em cada casa há um conceito de ordem e uma organização. Mesmo entre os membros de uma família, uns são mais organizados que outros, mas o estilo costuma ser bastante parecido. Quando um casal começa sua caminhada em comum, cada um terá um sentido de ordem.

Assim, se um é muito organizado, sofre ou se incomoda com a desordem do outro, também o desorganizado se incomoda, pois se sente infantilizado ou invadido quando arrumam suas coisas ou as mudam de lugar.

Nessa questão da ordem, também são necessários os acordos. Tanto pode um sentir-se incomodado por recolher as coisas que o outro deixa fora do lugar, quanto o outro irritar-se ao se sentir corrigido cada vez que se arrumam as coisas que ele vai deixando pelo caminho.

No início da relação, talvez seja muito engraçado para um que o outro seja tão desorganizado, mas, conforme os dias vão passando,

o organizado se sente enlouquecido por nada estar em seu lugar e o desorganizado, por sua vez, se sente igualmente indignado com o perfeccionismo do outro.

Qual é a solução para esse problema? Que vivam em uma eterna desaprovação? Que um dos dois mude? Que encontrem um ponto médio entre a ordem e a desordem, com que os dois possam viver melhor? Não resta outro remédio senão cada um dizer como se sente, comunicar-se em nível profundo, de forma que apenas o carinho faça cada um mudar de atitude para se aproximar um pouco da do outro e assim os dois viverem melhor, pois para isso se casaram ou são casal.

O pior virá quando forem à casa da família do outro, onde a ordem ou a desordem se dão em grau superlativo, e o "acrescentado", ou o de fora, vai se sentir incomodado com essa forma de viver tão distinta da sua; até porque, é muito possível que seu companheiro, estando entre os seus, intensifique essa sua tendência à ordem ou à desordem, fazendo da situação algo mais difícil de se suportar.

Equilíbrio entre vida de casal e família anterior

Lembre-se de que você está se casando com alguém que tem outra maneira de viver e de pensar sobre uma série de coisas da vida e que precisarão ir inventando essa forma de viver em comum, que é o que fará de vocês uma família, o que fará vocês, esses dois seres que têm uma vida pela metade, construirem uma história em comum.

A família anterior lhes reclamará sua dose de carinho e atenção. É difícil para nós, pais, nos demitir de nossa função; muitas vezes, os filhos têm que nos ensinar como fazê-lo melhor. Procurem o equilíbrio entre sua vida de casal e de família, procurando também atender um pouco as famílias anteriores, sem que estas os invadam nem lhes tirem o tempo de cuidar de sua relação, sua casa aberta e sua família seguinte, essa que criarão quando tiverem filhos para ensinar o que é a vida e como se é feliz e se colabora na felicidade dos demais.

Combinem também o tempo que dedicarão aos pais e irmãos; falem sobre isso para que ninguém se sinta mal. Cheguem a acordos que agradem o mais possível a ambos. Não sobrecarreguem o outro com a família nem a deixem abandonada de todo. Façam a seus pais o que gostaria que eles fizessem a vocês.

Freiem o sentimento de culpa por defenderem seu tempo, sua intimidade e por seus pais estarem sozinhos. Que eles se responsabilizem por preencher suas próprias necessidades, inclusive a de serem amados, se algum deles estiver viúvo. Os pais, por vezes, não sabem perder o controle dos filhos e convertem-se em pequenos sanguessugas dos filhos e netos. Claro que também há filhos que, ao iniciarem sua vida conjugal, abandonam de todo seus pais. Isso deve ser bastante doloroso, além de bastante injusto.

Reconciliar-se com a própria família

É preciso reconciliar-se com a própria família. Se há coisas que já não lhe agradam nela, se você mudou, se o mudaram, aceite-os

como são. Não tente mudá-los cada vez que for vê-los e reconcilie-se internamente com sua história, da qual fazem parte, porque sempre fizeram o melhor que sabiam, ainda que tenham cometido um monte de erros. Tenham paciência conosco. Dentro em breve, vocês comprovarão que não é nada fácil ser pais.

Como podem ver, todos os assuntos nos levam ao mesmo ponto: a comunicação. É preciso falar do divino e do humano, do pequeno e do grande, do importante e do prosaico, de tudo aquilo que acontece entre vocês e ao seu redor.

FIDELIDADE NÃO ESTÁ NA MODA

Fidelidade não é conformar-se com o que se tem, mas construir algo melhor

Quando alguém se apaixona, a fidelidade brota e é experimentada como um presente da vida, nascendo assim a expectativa de conservá-la. Trata-se de pôr toda a expectativa no carinho experimentado para que se conserve de maneira estável e definitiva.

Hoje em dia, a fidelidade parece estar em desuso. Em nossa sociedade, tem-se como valor desfrutar o que me apetece a cada momento, a qualquer preço e sem medir conseqüências. Além disso, se alguém está acostumado a ter tudo, a não renunciar a nada, sente que no amor pode lhe acontecer o mesmo.

Daí que, se ontem gostava de uma pessoa e tinha com ela um projeto de casal, mas hoje lhe aparece outra que lhe agrada mais ou que lhe traz mais expectativa pela novidade, entrega-se ao prazer de desfrutar essa relação para não se frustrar, para não perder nada do que a vida lhe oferece.

O adolescente vê a vida passar à sua frente e tudo lhe apetece, deseja tudo. O adulto, ao contrário, sabe que ao escolher uma coisa renuncia a outras e que não se pode ter tudo. O adolescente frustra-se e enfurece-se quando não consegue o que quer; o adulto utiliza a razão para recordar por que escolheu o anterior e que sentido tem ser fiel a essa escolha.

Opção pela fidelidade

Para ser fiel, é preciso ter fé na capacidade do ser humano de orientar sua vida com um sentido definitivo. Quando alguém está

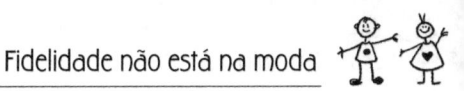

consciente de seu projeto de vida ou de casal como resposta às suas exigências interiores humanas e religiosas, surge o desejo de conservar esse amor para sempre. A fidelidade é um gesto de liberdade madura no qual alguém não se conforma com o que tem hoje, mas sabe que está construindo algo melhor com sentido de futuro.

Quando se aceita o compromisso de viver com alguém para sempre, sabe-se que não é fácil e que envolve uma parcela de decisão para superar todas as dificuldades que surjam pela frente. A fidelidade é uma virtude do dia-a-dia, do cotidiano e do ordinário. É escolher algo porque é bom para cada um e para os dois. É construir uma história de amor que terá suas crises, seus prazeres e suas dificuldades. Também é apostar em uma pessoa e lutar para levar adiante esse mesmo amor, ainda que surjam outras ofertas que, no momento, pareçam mais fáceis e mais atraentes.

Todos nós nos cansamos da monotonia do conhecido e do que já temos seguro. A todos atrai o novo, o diferente e o difícil. Por isso há tantas pessoas casadas, inclusive com uma história de amor feliz, que rompem com seu companheiro no momento em que cruza seu caminho uma terceira pessoa, iniciando aí outra nova relação, que trará, como a anterior, sua dose de novidade, sedução, atração e variedade.

Deve-se ter muito clara a opção pela fidelidade ao outro, a si mesmo e ao próprio projeto para não cair nas garras dessa situação fácil e apetecível, que o seduz como a bandeja de doces que colocam

a seu lado. Sempre haverá alguém novo que lhe apeteça, sempre haverá outra pessoa melhor, você sempre encontrará quem esteja decidido a seduzi-lo. É você quem deve se colocar em contato com seu mundo interior e recordar-se do que realmente quer viver e daquilo por que optou.

Manter a expectativa e recriar a vida

Nos casamentos, impressiona-me muito escutar com que ênfase prometem ser fiéis um ao outro, "na saúde e na doença, na alegria e na dor [...] todos os dias da minha vida", sobretudo vendo quão pouco duram hoje em dia os casamentos. Em breve, você descobre que aqueles cujo amor celebramos juntos em um lindo casamento já estão em processo de separação ou já estão há algum tempo cada um para seu lado.

Há duas coisas importantes no tema da fidelidade: primeiro, que cada um se comporte como adulto, ou seja, fiel ao que escolheu um dia; e, segundo, cuidar daquilo que escrevi em páginas anteriores, ou seja, manter a expectativa. Quando alguém se sente bem-amado, quando sente que está construindo uma história de amor que vale a pena, é mais difícil que se lhe desperte o interesse por outras pessoas.

A fidelidade necessita que recriem sua vida dia a dia, que não se conformem com o conseguido, que coloquem novidade, chama e evolução. Existem mudanças pessoais, urgências diferentes, sensibilidades distintas que exigem uma inovação criadora dentro de sua própria

fidelidade. Olhem um para o outro, perguntem se estão contentes juntos, tomem o amor a pulso e exercitem o companheirismo.

O casal necessita de tempo para os dois, não para a casa, nem para a televisão, nem para a comida...; tempo apenas para estarem juntos, sem nada, sem ninguém, sem ruídos, só um com o outro; tempo para se reconquistarem, para se seduzirem de novo, para se redescobrirem e se contemplarem com novos olhos, para revitalizarem seu amor, surgindo-lhes assim a vontade de continuar vivendo juntos para sempre.

A criatividade é uma atitude indispensável na vida do casal. É a capacidade para reagir diante do cotidiano e das situações novas. Sem criatividade não se pode sobreviver juntos, pois a relação estanca, torna-se repetitiva, insossa e a vida a dois torna-se rotineira. É necessário inventar constantemente a melhor maneira de viver juntos, de cumprir seus sonhos e de se entregar ao mundo.

Felicidade e liberdade

Lembrem-se, porém, de que não há casal que esteja tão seguro quanto aquele que se mantém em liberdade. Apenas é eterno o que se baseia em um amor livre. Não se aprisionem, não se condicionem, não tenham medo. Não se pode possuir o outro como se fosse um objeto. Deixem o outro livre e trabalhem sua relação. Assim vão sendo construídos alicerces novos e firmes, que manterão seu amor seguro e para sempre.

Vocês vão enfrentar crises, maus momentos, paixões loucas e dias insípidos. Assim é a vida do ser humano. Terão emoções preciosas e também haverá dias de emoções negativas, mas isso é sinal de saúde e vitalidade na relação. A ausência de tensões costuma ser um sinal de que a relação está morta ou agonizando.

Khalil Gibran diz que podemos esquecer facilmente aqueles com quem rimos, mas nunca conseguiremos esquecer aqueles com quem choramos. Em toda relação, há "zonas de incômodo" que precisamos aprender a manejar e que, a longo prazo, consolidam a história em comum e fortalecem o amor.

CASAIS SEPARADOS

Amar
é mais uma
decisão

que a paixão
de um momento

Ainda que nos custe admitir, hoje em dia, de cada dois casais que se unem, um se separa dentro de um ano; ou seja, quando juraram amor eterno, faltava menos de doze meses para que tudo isso viesse abaixo, com o que traz de fracasso pessoal, interrupção do projeto vital, diminuição da auto-estima, porque um já não se sente atraente para o outro, e a ruptura de toda a vida criada em comum.

Dizem que a separação é uma das dores mais traumáticas que uma pessoa pode ter, mais do que a morte de um filho, ou até o suicídio, que é o que mais faz um ser humano sofrer e sentir-se culpado.

Uma razão pela qual 50% dos matrimônios acabam em divórcio é que já não se produz nenhum entendimento nem acordo entre o casal, com exceção das promessas formuladas na cerimônia de casamento. As pessoas se conhecem, apaixonam-se, falam de seus sonhos e metas, abordam algumas questões... e casam-se. Mais tarde, descobrem o que não sabiam antes: o que pensam acerca do motivo de estarem juntos, o que cada um espera do outro e da relação.

A maioria dos casais não se dá um tempo para fazer uma divisão de papéis e responsabilidades, ou para criar acordos sobre como levar a relação. Depois, vai passando o tempo e, num belo dia, dão-se conta de que não têm nenhuma regra em que se ancorar e se sustentar. Não há um "nós" construído entre os dois, nem há um acordo de como vão se tratar e comunicar. Também seria necessário combinar como serão resolvidos os problemas e desacordos, para que o casal não rompa na primeira discórdia que surja entre os dois.

A vida dos casais

Quando um casal rompe, pode ser que os dois não tenham conseguido manter a fidelidade: um deles cruzou com outra pessoa e colocou seu interesse e dedicação nela, em vez de lutar para construir e cuidar do seu próprio par. Também pode ser que as relações tenham esfriado e não se tenha podido suportar as dificuldades da vida em comum. Costuma-se botar a culpa no antagonismo entre ambos; no entanto, essa grande diferença entre eles foi o que um dia os atraiu e o que, posteriormente e agora, os faz rejeitarem-se, sentindo que sua vida em comum é impossível.

Não se sabe se hoje há pouca capacidade de frustração e, ao primeiro desencontro, lança-se tudo por terra e rompem o construído, ou também se há pouca vontade de lutar para levar adiante a história em comum.

Em seu livro *A arte de amar*, Erich Fromm explica que há duas formas de iniciar uma vida em casal ou um matrimônio. Uma é como se fazia antigamente, quando muitos casais eram arranjados pelos pais, iniciando sua relação, quando chegavam à juventude, sem sequer se conhecerem ou se amarem. O trato cotidiano e o interesse que colocavam um no outro, na expectativa de construir o casamento, era o que fazia brotar o amor.

A outra é quando os casais se apaixonam por si só, sentindo uma atração irrefreável que vai aumentando com a comunicação e

o conhecimento mútuo. É isso que faz surgir o amor e por isso decidem se casar ou iniciar uma vida em comum. Depois, acontece a uma grande maioria que a rotina, a monotonia e os desencontros os desiludem, os aborrecem, fazendo-os romper a relação. Outros casais vivem em um eterno desencanto, suportando-se mutuamente, sem mais a mínima expectativa.

E há outros que lutam para que seu amor vá aumentando. Após passarem o primeiro tempo de inebriamento, põem todo seu interesse em que esse amor cresça e se fortaleça com as alegrias e as tristezas compartilhadas, os bons e os maus momentos que demarcam seu viver cotidiano, as crises que sempre trazem crescimento e amadurecimento, sua ternura e sexualidade que potencializam para que continue sua expectativa, sua paixão viva e atualizada...

Enfrentar a separação

Amar é mais uma decisão do que uma paixão desenfreada de um momento que logo passa e chega ao desencanto. Amar é ser adulto para escolher alguém e apostar na construção de uma vida em comum, tentando aproximar-se, compartilhar tudo e esforçar-se ao máximo para que o outro viva bem e o resultado das duas vidas compartilhadas seja gratificante para ambos.

Mas se, depois de tentar, um casal não combina e os dois não conseguem viver juntos harmonicamente, é preciso aceitar a separação, tentando fazer com que seja o menos traumática possível para

ambos. Se um dia vocês se amaram, se houve coisas bonitas entre vocês, não joguem tudo fora, não destruam tudo o que há de bom em sua memória. Aceitem que aqui e agora não estão bem juntos, mas não destruam recordações passadas que fazem parte de suas histórias pessoais e de casal.

Sejam valentes para o fazer da melhor maneira possível, sem se prejudicarem. E ainda que a Justiça estimule o "tirar sangue", falar mal do outro, lavar roupa suja e a destruição..., tentem não entrar no jogo, para que nenhum dos dois seja pessoalmente destruído. Não procurem culpados, mas aceitem que não triunfaram nesse empreendimento, que talvez em outro momento serão dignos e capazes de voltar a amar e ser amado.

Dessa forma, se houver crianças no meio, elas sofrerão muito menos e não serão essas "crianças pingue-pongue" utilizadas pelos pais para se atingirem e se prejudicarem mutuamente. Jamais percam o respeito, não falem mal do outro aos filhos, não fiquem somente com os pensamentos negativos de todo o mal que aconteceu entre vocês e do que não conseguiram realizar. Esses pensamentos são limitadores, castradores, freiam sua capacidade de voltar a amar, de estar contente e de ser capaz de perdoar.

A separação dos amigos

Se aqueles que se separaram são amigos ou familiares seus, permaneçam perto deles para os ajudar. Pensem que essa é uma das

maiores dificuldades da vida e que precisam muito de bons amigos que saibam escutar sem julgar, sem desqualificar ninguém, simplesmente sentindo empatia e aceitando a sua dor, o seu sofrimento...

Saibam esperar que o tempo cicatrize suas feridas para depois ajudá-los a entrar em contato com seus próprios recursos e voltar a ter fé em si mesmos, alegria, expectativa diante da vida e até desejo de iniciar uma nova história de amor. Se sua companhia ajudá-los a encerrar o casamento deles menos feridos e menos inimigos, vocês terão lhes prestado um grande favor, já que o que viveram juntos é algo tão importante que será muito melhor para ambos permanecerem amigos em vez de inimigos que guerreiam e se machucam mutuamente.

Os familiares e amigos são muito importantes nessas posturas tomadas depois de uma separação, já que ambos estão tão magoados e sentem-se tão vulneráveis que perdem a objetividade e podem não agir da maneira mais razoável.

Mas antes que um casal decida se separar, oxalá encontre bons amigos que o ajude a falar sinceramente, que compartilhem sua intimidade, seus desencantos, suas feridas... É mais fácil, pelas mãos de amigos de verdade, as coisas melhorarem e se encontrarem formas que ajudem a superar uma crise, sem que se chegue a uma ruptura definitiva.

AS TAREFAS DOMÉSTICAS

Às vezes, se gasta mais tempo cuidando da casa do que das pessoas

Ainda que pareça que não, o assunto das tarefas domésticas, tema tão falado em todo casal, é fonte de grandes tensões e desencontros na vida diária. Cada um tem um conceito do que é um lar, o que é a ordem e como devem ser feitas as tarefas de casa.

Ainda que vocês tenham falado mil e uma vezes de todos os pequenos detalhes domésticos, surgirão entre vocês opiniões diferentes ou talvez discussões, porque cada um aprendeu em sua família anterior esses pequenos detalhes cotidianos que nem sempre têm uma razão de ser, mas que, de fato, temos impressos na mente como se fossem verdades absolutas.

Um casal pode se dar maravilhosamente bem e ter confrontos simplesmente por causa da bucha de cozinha que, para um se usa exclusivamente para lavar a louça e para o outro (fazendo um exercício de imaginação), para limpar o chão, a varanda ou até o banheiro. Às vezes, surgem dissertações eternas sobre os distintos usos possíveis da famosa bucha, não se chegando a nenhum acordo. E, assim como a bendita bucha, há milhares de pequenas coisinhas que nos questionam, nos incomodam ou nos irritam pela forma como o outro atua nas tarefas domésticas.

Acordos sobre como agir

Imaginem que na casa de um, depois de comer, valorizam a sobremesa e ficam com a mesa posta horas a fio batendo papo, até que, ao cair da tarde, tiram a mesa e arrumam a cozinha. O outro,

ao contrário, acha normal que, conforme vá comendo, se levante da mesa e vá tirando os pratos para, logo que se acabe, ter tudo arrumado e sentar-se na poltrona.

Um sente que lhe estragam a sobremesa, o outro sente que o incomoda muito arrumar a cozinha no meio da tarde e que, além disso, o incomoda estar batendo papo com todos os pratos sujos e as migalhas na toalha. Quem tem razão?

Em cada família, as tarefas domésticas são feitas de uma determinada maneira. Não há verdades absolutas, melhor, há costumes, hábitos ou até manias. Por isso, não vale a pena discutir por nenhum desses assuntos que simplesmente nos confrontam e sobre os quais nunca chegaremos a um acordo. O que se deve fazer, como em tudo, é pactuar, chegar a acordos e decidir juntos a melhor forma de se fazer cada coisa. Também se podem experimentar distintas maneiras de agir, até encontrar a fórmula definitiva que deixe a ambos satisfeitos.

Conhecer e compreender o ritmo do outro

Muitas coisas influem na forma como cada um enfrenta o trabalho doméstico. Quando o ritmo biológico de alguém é madrugador, ou seja, pela manhã ele "devora o mundo", está mais vivo, mais ativo, mais contente e com o desempenho intelectual em plena ação, é esse o melhor momento para trabalhar. Depois, deve-se ter em conta que, ao cair da tarde, estará cansado e com vontade de se recolher, e inclusive o corpo lhe pedirá em breve para se deitar.

Ao contrário, aquele que é notívago, ou seja, que tem o ritmo biológico noturno, estará esgotado e lento pela manhã, mas, conforme for passando o dia, ficará mais vivo, mais contente e mais ativo. Seu melhor momento, quando está encantador, será no fim do dia, quando o madrugador estará pronto para ir para a cama. A noite será o melhor momento para o notívago fazer amor, enquanto o madrugador estará mais ativo, amoroso e atraente pela manhã.

Esse assunto dos ritmos biológicos é muito importante na hora de casar. Bom, quase me atrevo a dizer que se deveria procurar uma pessoa do mesmo ritmo, porque quando dois de ritmos opostos convivem, costuma ser uma confusão encontrar seu melhor momento em comum, já que, quando um vai, o outro vem, e quando um começa, o outro acaba.

Para se repartir as tarefas domésticas, é necessário compreender o ritmo do outro, sabendo que se não tem o seu é impossível que trabalhe no mesmo ritmo que você, no mesmo horário. É bom que falem de seus ritmos biológicos e, se tiverem a sorte de serem ambos do mesmo tipo, as coisas serão muito mais fáceis entre vocês.

Entre o passado e o presente

Outro detalhe importante para a relação é olhar para dentro de si e ver em que tempo se costuma viver. Nós somos presente e memória. Muitos escolhem viver na memória, no ontem, "nostalgiando", ou no amanhã, programando. Essas pessoas têm mais preguiça para

realizar as tarefas domésticas. A forma mais saudável de viver é no presente, dedicando-se de corpo e alma ao todo e em cada momento, para o desfrutar com total intensidade ou para o trabalhar com todas as suas capacidades.

Quando um dos membros do casal vive na memória, pode ser um problema para o outro ver como se evade do momento presente e como não se envolve tanto, por exemplo, na sexualidade, porque está sonhando com algo futuro ou recordando como foram as coisas no passado. Deve-se falar desse assunto para que ambos se ajudem a viver no tempo que lhes pertence, que não é outro senão o aqui e agora do momento presente.

Uma mulher, casada há três meses, passou todo o dia dos pais chorando de nostalgia, lembrando-se de que todos os seus irmãos estavam comendo juntos e eles não estavam ali presentes, porque viviam em outra cidade. Essa mulher estava instalada no presente, mas como se sentia o seu marido ao ser incapaz de consolá-la, já que onde ela gostaria de estar não era ali e com ele, mas sim lá e com seus pais? Essa é uma evasão imatura sobre a qual precisam falar. Ela tem que trabalhar essa imaturidade, pois para se casar é preciso, antes de tudo, ser uma pessoa adulta.

É preciso aceitar que, na divisão de tarefas, que costumam ser muito aborrecidas, surja entre vocês, de vez em quando, alguma tormenta de protestos mentais ou físicos. Tenham paciência, che-

guem a um consenso e relativizem, porque algumas vezes gasta-se tempo demais cuidando da casa, quase mais do que cuidando das pessoas. Lembrem-se de que a casa está a serviço de vocês, para que estejam confortáveis nela, e nunca para que vocês vivam a serviço dela.

OS FILHOS

Ser pai e mãe é uma das vivências mais sublimes da vida, ainda que hoje em dia haja muitos casais que renunciam a isso em nome da sua realização profissional, da comodidade ou de outros valores que consideram primordiais.

Também acontece, com muita freqüência, decidirem não ter filhos próprios, mas serem pais de crianças que vivem em situações sub-humanas e que, ao serem adotadas, têm a possibilidade de uma vida familiar plena e feliz. Isso supõe uma grande dose de generosidade por parte do casal e faz um bem incalculável a esses filhos de famílias desestruturadas.

Quando um casal tem um filho, é que realmente se conscientiza do milagre que supõe ser uma família. No momento em que se vive uma gravidez, é que nos entusiasmamos com o que os dois são capazes de criar juntos. Tem-se a sensação de transcendência ao ver que o amor dos dois se transforma em uma nova vida, que se vai fazendo entre os dois e que depende absolutamente de ambos. Tornamo-nos adultos quando somos pai ou mãe; crescemos diante da fragilidade tão absoluta da criança, diante de alguém que precisa tanto de nossa força, nossos cuidados, nossa ternura e segurança.

As necessidades físicas

Com uma criança em casa, a família enche-se de expectativa, de vida, de afetividade, de risos. Mas o mau de ser pai é que costumamos dar muita ênfase às obrigações ligadas à satisfação das necessidades físicas da criança, esquecendo um pouco de desfrutá-la e amá-la. Afligimo-nos demais para que coma, durma, esteja limpa, estude, tenha tudo a tempo e não lhe falte atenção.

As lojas de artigos infantis são hoje as catedrais do capricho. Muitos casais, quando vão se tornar pais, enchem o quarto de objetos, preparam mil efeitos especiais, compram mil e uma coisas, achando que a criança vai precisar ou ser mais feliz com elas. Estão muito equivocados, porque a única coisa de que a criança necessita é de um lar caloroso onde viva rodeada de afeto, ternura e de umas poucas coisinhas, muito menos do que achamos, para comer, dormir, vestir e passear.

Hoje em dia, dizem que uma criança que nasce em uma família medianamente acomodada vem a gastar em torno de 15 mil reais em seu primeiro ano de vida, o que é uma barbaridade, porque... ela precisa de tão pouco para ser feliz! Além disso, pode reutilizar a roupa de um primo, de um amigo ou de um vizinho, pois esta lhes serve por pouco tempo, já que estão em contínuo crescimento.

E com todos aqueles objetos ao redor, acontece o mesmo. A superbanheira, que é ao mesmo tempo armário, trocador e não sei quantas coisas mais, perde a utilidade aos quatro meses, já que onde a criança melhor brinca na água é na banheira grande e, se possível, com os pais lá dentro. O mesmo acontece com todos os elementos que se vão inventando para enriquecimento das cadeias de lojas de artigos infantis e para invadir os quartos e as casas das crianças.

Coisas desnecessárias

Vocês já devem ter reparado que, quando um casal vai com o bebê à casa dos avós, precisa de um caminhão de mudanças para deslocar toda a bagulhada que acompanha a cria, toda ela em função de sua comodidade e para a adoração dos outros, ao contrário do traslado e da casa que visitam, que se sente invadida por todos os elementos que a criança carrega: o carrinho, o peniquinho, a *nécessaire*, a cadeira de balanço, o pacotão de fraldas, várias mamadeiras e águas engarrafadas, os esterilizadores de tudo aquilo que a criança ponha na boca, os brinquedos, o negócio que toca música, o intercomunicador, seu berço dobrável para que não estranhe... e muito mais coisas que não cabem neste livro.

Felizmente, quando se tem o segundo filho, já se precisa de muito menos coisas e, a partir do terceiro, já não se necessita de quase nada e os pais deslocam-se com três ou quatro filhos, uma pequena bolsa, na qual levam uma garrafa de água e uma troca mínima de roupa, caso surja uma emergência. Já não têm de esterilizar nada e, além disso, arranjam uma maneira de colocar a criança em qualquer lugar, tanto para dormir quanto para comer.

E o mau de tudo isso não é o gasto que a criança gera, ou que todo mundo deseje lhe oferecer tudo que existe e não existe, mas o temor que produz nos novos possíveis pais a sensação de não terem uma situação econômica tão boa para corresponder a tudo o que um filho necessita.

Pois saibam que quase 90% das coisas que uma criança leva em procissão, atrás de si, são desnecessárias. Compram-lhe os brinquedos mais maravilhosos e as últimas novidades e, no final, a criança brinca com o pote plástico do armário da cozinha, tentando colocar-lhe a tampa, convertendo-o em um brinquedo didático e educativo. O que lhe chama a atenção não é o carrinho de controle remoto que lhe foi oferecido não sei por quem, mas o rolo de papel higiênico que corre pelo chão da sala.

O tempo dedicado à criança

O perigo da chegada dos filhos é que, enquanto bebê, careçam de tanta atenção que tomem conta da relação do casal; que eles tenham tanto interesse em sua paternidade que se esqueçam de cuidar um do outro e de dedicar tempo a manter viva sua história de amor. É preciso ter muito cuidado para continuar cuidando do tempo dos dois; serem organizados para fazer com que a criança durma logo à noite, sobrando tempo para estarem a sós, para deixarem de ser pais e continuarem colocando expectativa e atenções em sua história de casal.

Quando há crianças na casa, costuma-se dar importância demasiada à ordem, à higiene, à comida, e os pais podem viver programados e estressados, tendo tudo em perfeito estado de revista. Uma criança traz consigo desordem; além disso, ela mesma se encarrega de desarrumar tudo aquilo que nós arrumamos, mas se lembrem de que o amor que a envolve, o amor que vocês têm, é o melhor alimento para que essa criança cresça saudável e feliz; tudo o mais é acessório. E se a desordem os tirar do sério, se "deixá-los histéricos", como diz aquele que quer continuar sendo escravo disso, façam uma combinação e digam como querem viver para não dedicar mais vida e energia às coisas do que às pessoas, à casa do que a vocês.

Convém avaliar a relação com certa freqüência, ainda mais quando chegam os filhos, que é um momento que produz distanciamento e que, de alguma maneira, rompe a fusão dos dois. Parem para analisar o tempo que dedicam ao filho, a implicação pessoal e a energia que gastam nele e em atender às suas necessidades: vejam se realmente são tão necessárias e merecem o preço que vocês estão pagando. Vejam se estão vivendo isso com paz, com alegria e se lhes dá satisfação. Analisem se a energia e o tempo que dedicam a cada parcela de sua vida em comum são adequados. A que vocês dão preferência ou deixam de lado?

Falem, por exemplo, do dia de ontem, do que cada um fez e de como se sentem em cada uma das áreas de sua relação. Vejam se podem organizar-se de forma que exista certo equilíbrio entre suas "obrigações" e suas "devoções", para que possam ter tempo para o lazer e o descanso, que são absolutamente necessários para o bom funcionamento da família.

Serem pais e serem casal

A maioria dos casais aceita que a chegada dos filhos desequilibre toda sua harmonia conjugal, como se isso tivesse necessariamente que ser assim. É possível organizar-se de forma que tenham tempo para tudo e possam viver à vontade, nem sempre atarefados e correndo de um lado para o outro.

Dá pena ver alguns casais empurrando o carrinho do bebê com cara de aborrecidos e estressados. Os dois agarram o carrinho, mas já não se tocam, já não colocam um braço no ombro, nem se dão as mãos, nem se abraçam.

Esta é a imagem gráfica do que costuma acontecer quando nasce um filho: deixa-se de ser casal para ser pais, e isso é um erro enorme. É preciso ter muito cuidado para não o cometer.

Os filhos chegam até vocês absolutamente dependentes, mas, sem se darem conta, eles crescerão e vocês poderão falar com eles sobre quase tudo. Procurem promover o diálogo em sua família, contando as coisas uns aos outros e falando da vida com naturalidade, para que seus filhos saiam para o mundo felizes, seguros de seu amor, que lhes aumenta a auto-estima, formados e informados pela comunicação que reina entre vocês.

Lembrem-se de que têm que satisfazer suas necessidades físicas, mas também, e ainda com mais interesse, as necessidades de serem amados: que eles também aprendam a amar, a ser generosos e a compartilhar. Que se sintam valiosos, fazendo com que vocês fiquem felizes com a gratidão deles, e que sintam que pertencem a vocês e vocês a eles, mas sempre potenciando-lhes para que sejam autônomos; tudo o que eles puderem fazer por si mesmos, não o façam vocês.

É mais fácil fazer a cama para a criança de seis anos do que deixar que ela a faça como se fosse um balaio de gato, suportando essa aparente desordem que a levará a ser uma pessoa autônoma e adulta.

É mais fácil dar um bolo à criança antes da comida do que lhe dizer que só poderá comê-lo depois da refeição.

É mais difícil colocar limites do que dizer "sim" a tudo.

Para tudo isso, é preciso muitas vezes saber dizer "não", com carinho, com explicações e com razões ou valores convincentes, para que, desde já, sejam pessoas livres e saibam enfrentar a vida com otimismo, confiança, sem medo e sem hostilidade.

Mas, tirando o trabalho e as dificuldades que implicam, os filhos são a maior fonte de expectativa, de surpresa, de jogo e de criatividade na vida, capacidade esta que as aproxima de Deus, o Criador, e da qual mais se desfruta.

E O PAPEL DE DEUS EM TUDO ISSO?

Com Deus, sua família não termina em vocês

Como sei que vocês são um casal que tem Deus como amigo, ele terá muito a ver em sua vida, já que é quem mais sabe sobre vocês. É o Pai que os abraça por todo lado, quem conhece suas histórias pessoais e a comum que vocês vão criar. Ele é o mais interessado em que se realizem, em que desenvolvam todas essas capacidades que cada um tem e que nós, que estamos a seu redor, desfrutamos e tanto nos fazem amá-los. Mas ele também sabe de todas as suas dificuldades.

A presença dele em suas vidas é um impulso, um dinamismo, um enriquecimento contínuo. Que cada um tenha seu tempo de oração, de aferir com ele sua vida e de se deixar dinamizar por seu estilo. Isso vai ajudá-los a ser pessoas mais livres e mais plenas. Vocês já sabem que é ele quem fica, quando todos se vão. E todos, todos, se vão... e, no fundo da alma, cada um está profundamente só.

Tempo para estar a sós com Deus

É muito importante cuidar desse tempo para estar a sós com Deus, colocando-se à escuta para que ele lhes sussurre o grande sonho que tem para cada um de vocês. No trato com ele, o perdão nos é mais fácil: ainda que nossa memória guarde pequenos ressentimentos, ele nos invade o coração para esquecermos tudo, a fim de nos relacionarmos com nós mesmos e com o resto do mundo.

Com ele, andamos menos preocupados, pois sabemos que precisamos trabalhar como se tudo dependesse de nós, mas depois podemos repousar nele, quando estivermos cansados e angustiados,

que ele sempre nos alivia. Além disso, ele é o mais interessado em tudo o que trazemos entre as mãos, de modo que é bom confiar nele e dormir tranqüilos quando chegar o momento de deixar de trabalhar.

Feliz é quem necessita menos

Além disso, Jesus nos ensinou como seremos mais felizes: se formos pobres, ou seja, se precisarmos de menos coisas para viver, assim estaremos mais livres; se não acumularmos para nós, pois quanto mais dermos mais possuiremos... Esse estilo de vida é um mistério que nada tem a ver com a matemática, mas com o amor. Ele nos convida à austeridade, à generosidade, a compartilhar, a reciclar e a não estarmos cheios de desejos.

Eu lhes disse em páginas anteriores que é preciso satisfazer sempre as necessidades básicas; os desejos, ao contrário, são como poços sem fundo; atrás de um vem outro e nunca param de surgir novos. Hoje, você deseja muito um carro e, no momento em que o tem, desaparece a ilusão ou a ansiedade, que são um pouco parecidas; imediatamente, aparece outro desejo para ocupar o lugar do anterior, e depois outro, e outro, e outro, e assim pela vida afora. Por isso, dizem que "não é mais feliz o que mais tem, mas o que menos necessita". E Deus nos convida a precisar de pouco. Nisso consiste a pobreza do Evangelho.

Como casal, Deus também nos vai convidar a ter preferência pelos pobres, a estar atentos àqueles que precisam mais de nós, a

ocupar nosso tempo e nossas energias não em ter mais e ser mais, mas em que todos tenham de tudo. Lancem-se na aventura do amor e da solidariedade, não descansem jamais, até que todo mundo tenha suas necessidades básicas preenchidas.

Cúmplices na construção do Reino

Deus os fez cúmplices na construção de seu Reino. Ele precisa de vocês disponíveis e conta com a família que formarão para que em seu lar se respire esse seu estilo de compartilhar com simplicidade, de convidar com austeridade, de não desperdiçar e de gerar poucas necessidades.

Outra coisa alucinante que Deus faz conosco, quando nos colocamos à escuta, é libertar-nos de nós mesmos, ajudando-nos a cuidar do outro, a viver o "nós" mais do que o "eu", quando então falamos apenas de nós e nos preocupamos apenas com nós mesmos e os nossos. Porque assim como Deus não é uma propriedade privada de apenas um, mas de todos, quando chegamos a ser de Deus já somos propriedade de todos.

Isto ele fará com o casal: viver de forma que sua família não acabe em nós, os mais próximos, mas que vocês estejam envolvidos na construção da grande família humana, essa na qual todos nos tratamos como irmãos.

Tempo e espaço para a oração

Também nas crises, vocês notarão a presença amorosa de Deus. É importante que cada um pare para rezar e, se puderem, façam-no juntos, peçam perdão, peçam sua ajuda e deixem que o tempo cure as feridas, colocando-se nas mãos dele, que é quem mais os ama e entende, até mais que vocês mesmos.

Quando Deus está na vida de um casal, isso é perceptível e ajuda a viver com maior alegria interior e otimismo, com mais desprendimento e abertura. Os que estão ao redor também saem beneficiados desse estilo de vida acolhedor, feliz e fraterno.

Não se pode viver tudo isso a sós. É preciso ter uma comunidade que apóie e com a qual se possa celebrar essa relação com Deus. É preciso cuidar dos momentos de comunicação espiritual, os pessoais e os comuns. Procurem tempo e espaço para a oração.

A bênção da mesa pode ser um de tantos momentos que convidam a uma breve comunicação com Deus, falando-lhe da vida, sendo agradecidos. E, ao mesmo tempo, pode ser oportunidade para que os que partilham de sua mesa também compartilhem sua relação com Deus, que é algo contagioso e gratificante.

O lugar de Deus na família

É importante que falem do lugar que querem que Deus ocupe em seu lar, do tempo, do espaço, da forma de rezar, dos hábitos que

querem criar, do comentar o Evangelho, do orar juntos, do assistir a ritos ou de tudo o que é novo, pois, antes, cada um vivia isso individualmente ou em comunidade e agora têm que inventar a forma de vivê-lo em comum.

Favoreçam um ao outro o encontro com Deus, despertem-se mutuamente e avivem-se para se manter despertos e em pé, como diz o Evangelho, para viver sua própria utopia, que é estar em contato com a semente, mas sonhando já com a colheita.

Não é preciso dizer-lhes que, de todos os capítulos deste livro, este é o que mais me importa, aquele em que melhor gostaria de expressar-lhes, contar-lhes, contagiá-los ou reforçar-lhes o bem que se vive com Deus. Se me dissessem que posso deixar-lhes uma única coisa de herança para o resto de suas vidas, escolheria a fé: que se sintam sempre filhos de Deus, que desfrutem de sua presença e se considerem pessoas habitadas por ele. Porque, quando alguém vive acompanhado de Deus, a vida torna-se uma festa.

Com ele, a pessoa aprende a desfrutar as coisas simples, vive menos preocupada e mais ocupada, está atenta às necessidades dos outros, o que torna pequenas suas próprias coisas e a ajuda a relativizá-las. Também fica livre de ressentimentos e culpas, pois se sabe amada por Deus, perdoa a si mesma e a todos com facilidade. E, sobretudo, quem tem uma relação constante com ele deixa-se motivar pelo Evangelho, contagia-se com o modo de viver de Jesus, liberta-se das ataduras e dos desejos infinitos que esta sociedade do "bem-estar", competitiva,

consumista, nos faz reproduzir, e compromete-se em transformá-la para que todos vivamos bem.

Deus nos motiva a uma vida feliz

Se algum dia alguém tiver a sensação de estar perdido, mas por trás de si tiver uma família que o apóia, na qual se sinta querido com seus erros e acertos e na qual se expressem as dificuldades cotidianas e o que Deus vai fazendo na vida de cada um, essa comunicação será como um bálsamo que facilita os maus momentos.

Vocês já sabem que em Deus nosso valor aumenta, que ele os convida a manifestar a vida e a celebrá-la, a inventar novas linguagens para falar dele, a contar aos outros e transmiti-lo a seus filhos.

Deus lhes oferece uma forma alternativa de vida. Vocês são tocados pela ressurreição e, portanto, convidados a viver a vida em abundância, acima das dificuldades, da doença e da morte. Desfrutem de sua presença amorosa em suas vidas, nos bons e maus momentos.

Lembrem-se de que ele os ilumina, os acompanha e os impele para seguir em frente com dignidade, sentido e esperança, diante de todas as dificuldades que terão na vida. E, quando lhes parecer que o barco está afundando, quando estiverem envoltos em dificuldades, saibam escutar o "Sou eu, não temam" ou "Eu estarei convosco até o fim dos dias".

Deus nos impele a uma vida feliz, que tem a ver com a aceitação de si mesmo, a sabedoria de encontrar o bom e belo de todas as coisas,

o crescimento em confiança, apesar dos obstáculos e das más experiências, o viver de acordo com a própria vocação e com a responsabilidade de cumprir as opções escolhidas e realizadas, e a capacidade de saber amar e ser amado, de dizer o amor e de recebê-lo.

E Deus os chama enquanto casal para que sejam artífices de uma família nova, na qual não se isolem do conjunto da sociedade para ficar bem apenas com vocês mesmos, já que ninguém se casa para ser feliz apenas a dois. Que vocês impulsionem as mudanças urgentes de que a sociedade necessita. Que construam um lar que seja um farol que ilumine outros casais a seu redor e outras libertações.

Deus provoca a fantasia em nossa vida, que é essa faculdade que a alma tem de expressar o que há por dentro. A fantasia a serviço de seu amor os ajudará a inventar juntos novas maneiras de vivê-lo e desfrutá-lo, a criar uma família especial, a imaginar um mundo distinto, deixando-se afetar pelos pobres para intuir respostas novas e outra maneira de estar no mundo.

Quando vivemos em comunicação com Deus, ele nos sugere a melhor maneira de viver

Não apaguem o Espírito que os habita

Que Deus impulsione sua capacidade de amar, já que este nosso mundo precisa de vocês, para que de sua casa saiam uma mulher e um homem capazes de promover na sociedade os caminhos de justiça. Isso será mais fácil à medida que, na intimidade do lar, for se formando pessoas que não põem seu empenho no ter mais, mas no ser mais; não em agarrar tudo, mas em dar em abundância aos outros. A família não é outra coisa senão amar, e "amar é dar-se e é trabalhar para a felicidade em comum".

Quando vivemos em comunicação com Deus, ele nos sugere a melhor maneira de viver, de nos realizarmos, de sermos felizes, de vivermos a grande vida, em vez de uma vida rotineira, medíocre e sem sentido. Com Deus não se pode apenas "ir levando", mas vive-se usufruindo, construindo e recolhendo.

Assim, que esse Deus que nos envolve os tenha sempre abraçados por toda a parte, desde o início de sua vida em comum até o final de seus dias. Que ele os leve na palma de sua mão.

Sumário

APRESENTAÇÃO 5

Capítulo 1
JUNTOS PARA VIVER MELHOR 9

Capítulo 2
AMAR A SI MESMO PARA AMAR O OUTRO....................13

Capítulo 3
O QUE TODOS NÓS NECESSITAMOS........................... 23

Capítulo 4
O CAMINHO DA INDEPENDÊNCIA.....................31

Capítulo 5
NASCIDOS PARA A FELICIDADE.........................37

Capítulo 6
O ENXOVAL.. 45

Capítulo 7
É PRECISO EXPRESSAR O AMOR 53

Capítulo 8
EU SEDUZO VOCÊ, VOCÊ ME SEDUZ...
NÓS NOS SEDUZIMOS.......................................59

Capítulo 9
A COMUNICAÇÃO
(OU O SEGREDO DE CONTINUAR APAIXONADO) 65

Capítulo 10
EU ACOLHO VOCÊ EM SUA TOTALIDADE 71

Capítulo 11
SEU CORPO 77

Capítulo 12
SEUS PENSAMENTOS, IDÉIAS E CRENÇAS 81

Capítulo 13
SUAS RELAÇÕES... 85

Capítulo 14
SUA INTERIORIDADE OU OS RECANTOS DE SUA ALMA ..91

Capítulo 15
UM PROJETO DE VIDA.. 95

Capítulo 16
NEM TUDO É COR-DE-ROSA 103

Capítulo 17
RESOLUÇÃO DE CONFLITOS 111

Capítulo 18
A ARTE DE MANTER A EXPECTATIVA..............................117

Capítulo 19
VOCÊS SERÃO TÃO FELIZES QUANTO SE
PROPUSEREM A SER 127

Capítulo 20
O SENTIDO DO HUMOR...133

Capítulo 21
O PODER DO PERDÃO.. 139

Capítulo 22
A FELICIDADE DE DAR... 145

Capítulo 23
COMUNICAÇÃO E SEXUALIDADE 149

Capítulo 24
OS AMIGOS...161

Capítulo 25
O LAZER.. 167

Capítulo 26
A FAMÍLIA DO OUTRO.. 175

Capítulo 27
FIDELIDADE NÃO ESTÁ NA MODA 185

Capítulo 28
CASAIS SEPARADOS...191

Capítulo 29
AS TAREFAS DOMÉSTICAS 197

Capítulo 30
OS FILHOS..203

Capítulo 31
E O PAPEL DE DEUS EM TUDO ISSO? 211

Impresso na gráfica da
Pia Sociedade Filhas de São Paulo
Via Raposo Tavares, km 19,145
05577-300 - São Paulo, SP - Brasil - 2017